GEHT DER KIRCHE DER GLAUBE AUS?

KLAUS-RÜDIGER MAI

GEHT DER KIRCHE
DER GLAUBE AUS?

Eine Streitschrift

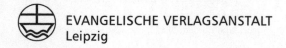

EVANGELISCHE VERLAGSANSTALT
Leipzig

Bibliographische Information der Deutschen Nationalbibliothek:
Die Deutsche Nationalbibliothek verzeichnet diese Publikation in der
Deutschen Nationalbibliographie; detaillierte bibliographische Daten
sind im Internet über http://dnb.dnb.de abrufbar.

© 2018 by Evangelische Verlagsanstalt GmbH · Leipzig
Printed in Germany

Das Buch wurde auf alterungsbeständigem Papier gedruckt.

Cover: FRUEHBEETGRAFIK · Thomas Puschmann, Leipzig
Satz: makena plangrafik, Leipzig
Druck und Binden: BELTZ Bad Langensalza GmbH

ISBN 978-3-374-05305-6
www.eva-leipzig.de

»Mein Reich ist nicht von dieser Welt.«

Johannes 18,36

»Manchmal aber entsteht der Eindruck, als gehe es in der evangelischen Kirche primär um Politik, als seien politische Überzeugungen ein festeres Band als der gemeinsame Glaube. Das führt jedoch nicht nur dazu, dass sich Christen mit abweichenden politischen Auffassungen schnell ausgeschlossen fühlen, sondern auch – und weitaus bedenklicher – dazu, dass das Ziel politischer Einflussnahme letztlich verfehlt wird.«

Wolfgang Schäuble

»So ist dem einen Fortschritt, was der andere für Unglaube halten muss, und das bislang Undenkliche wird normal, dass Menschen, die das Credo der Kirche längst vergessen haben, sich guten Gewissens als die wahrhaft fortgeschrittenen Christen ansehen. [...] Nicht Zeichen, das zum Glauben ruft, scheint so die Kirche, sondern eher das Haupthindernis, ihn anzunehmen.«

Papst Benedikt XVI.

»Nach meinem Dafürhalten ist ›liberale Theologie‹ ein hölzernes Eisen, eine contradictio in adjecto. Kulturbejahend und willig zur Anpassung an die Ideale der bürgerlichen Gesellschaft, wie sie ist, setzt sie das Religiöse zur Funktion der menschlichen Humanität herab und verwässert das Ekstatische und das Paradoxe, das dem religiösen Genius wesentlich ist, zu einer ethischen Fortschrittlichkeit. Das Religiöse geht im bloß Ethischen nicht auf, und so kommt es, dass der wissenschaftliche und der eigentlich theologische Gedanke sich wieder scheiden. Die wissenschaftliche Überlegenheit der liberalen Theologie, heißt es nun, sei zwar unbestreitbar, aber ihre theologische sei schwach, denn ihrem Moralismus und Humanismus mangle die Einsicht in den dämonischen Charakter der menschlichen Existenz. Sie sei zwar gebildet, aber seicht, und von dem wahren Verständnis der menschlichen Natur und der Tragik des Lebens habe die konservative Tradition sich im Grunde weit mehr bewahrt, habe darum aber auch zur Kultur ein tieferes, bedeutenderes Verhältnis als die fortschrittlich bürgerliche Ideologie.«

Thomas Mann, »Doktor Faustus«

VORAB

Jesus war kein Theologe. Matthäus, Lukas, Markus und Petrus wohl auch nicht, am ehesten noch Paulus. Man könnte einen großen Streit anzetteln, ab wann die Theologie als Lehre von Gott und den christlichen Glaubensinhalten entstand und wen wir als ersten Theologen anerkennen. Doch ist es für den Glaubenden überhaupt nötig, Theologe zu sein? Niemand, nicht einmal Theologen würden behaupten, dass eine Voraussetzung für den Glauben darin besteht, dass der Glaubende zugleich auch Theologe ist.

Dass die »Gotteswissenschaft« eine große, ernste und wichtige Wissenschaft ist, soll mit keiner Silbe in Abrede gestellt werden. Sie ist es aber nur, wenn sie nicht zu einer Art Politikwissenschaft mit eingebautem Heiligenschein verkommt, sondern Rede von Gott und seiner Beziehung zu den Menschen bleibt, wenn sie von den letzten und ersten Dingen menschlicher Existenz spricht und keine Rücksicht auf Applaus, Establishment und Mainstream nimmt.

Theologie ist eben kein Tänzchen im kurzen Sommerkleid der Illusionen, keine öffentliche Sause, kein schwelgerisch Sich-in-den-Armen-liegen von Funktionären, mithin auch keine Funktion des Politischen, sondern »Denkarbeit«.[1] Insofern Theologie im weiteren Sinne immer auch öffentliche Rede ist, agiert sie im politischen Raum, sogar im Politischen selbst, doch bedeutet das nicht zugleich, dass sie selbst politisch sein muss, sondern indem Theologie Theologie betreibt, wirkt sie per se in der Gesellschaft, per se politisch. Zuallererst ist ihre Erkenntnis »nicht nur ein stufenweises Fortschreiten zur Entdeckung innerer tieferer Wirklichkeiten, sondern diese Erkenntnis ist der Wende- und Angelpunkt aller Wirklichkeitserkenntnis überhaupt. Die letzte Wirklichkeit erweist sich hier zugleich als die erste Wirklichkeit, Gott als der Erste und der Letzte, als das A und O«.[2] Von dieser durch Dietrich Bonhoeffer skizzierten Tatsache hat Theologie stets auszugehen, wenn Theologie in ihrer wertvollen Weise sich in die gesellschaftlichen Diskurse einzubringen wünscht, hat sie das eben von ihren und nicht von politikwissenschaftlichen oder ethischen Voraussetzungen aus zu tun. Die Voraussetzung der Theologie ist Gott. Ersetzt sie diese Voraussetzung durch ethische oder politische Prämissen oder agiert sie parteipolitisch, verspielt sie ihre politischen Möglichkeiten, um die es ihr zu tun sein sollte. Das wäre tragisch, denn wenn sie die eschatologische Perspektive in die Gegenwart auflöste, verlöre sie Gott und würde stattdessen einem Götzen huldigen, der an eine Wandzeitung erinnert – und das in einer Zeit, in der Theologie als Theologie wie der Glaube als christlicher Glaube wichtiger denn je wird.

Wer den eigenen Glauben besser verstehen und erklären können möchte, dem sei Wilfried Härles weit verbreitetes Buch »Warum Gott. Für Menschen, die mehr wissen wollen« empfohlen, den Zweiflern Härles 2017 erschienenes Buch »… und hätten ihn gern gefunden. Gott auf der Spur«.

Angesichts der großen Umbrüche unserer Welt, die teilweise mit einer kaum erklärbaren Wirklichkeitsblindheit politisch Verantwortlicher einhergehen, bedarf es der Orientierung, die allein der Glaube bietet, so er nicht durch Ideologie verbogen oder ersetzt wird. Wie so oft schon besteht die Aufgabe der Theologie heute erneut darin, der Auflösung des Glaubens in die Vergänglichkeit der irdischen Welt und der Ideologisierung der Theologie selbst, ihrer Umwandlung in eine Staatsapologie, zu wehren.

Martin Luther hat der mittelalterlichen bzw. frühneuzeitlichen Gesellschaft in revolutionierender Weise eingeschrieben, dass der Glaube Gnade Gottes ist. Eigentlich galt die Philosophie als »Magd« der Theologie, doch die Scholastiker hatten das Verhältnis verkehrt. In Reaktion darauf wies Luther in seiner *Disputation gegen die scholastische Theologie* von 1517 der Philosophie die Tür, weil die »Magd« sich inzwischen zur Herrin aufgeschwungen hatte. Nicht nur die Philosophie musste sich von der Theologie unterscheiden, sondern auch die Theologie hatte sich von der Philosophie zu emanzipieren, denn die Methoden und Verfahrensweise beider Wissenschaften unterschieden sich doch beträchtlich. Heutzutage hat es den Anschein, als müsse sich die Theologie erneut befreien, um wieder zu ihrem eigenen Geschäft zurückzukehren, als hätte sie sich von den Zumutungen und Vereinnahmungsbestrebungen der Politik zu emanzipieren.

So, wie sich zu Luthers Zeiten die Theologie des mittelalterlichen Aristotelismus erwehren musste, der nicht über Gott nachdenken, sondern Gott in das Spiel der Syllogismen und Polysyllogismen einordnen wollte, haben Theologie und Kirche heute den Politikwissenschaften, genauer noch einem Ethizismus und Moralismus entgegenzustehen, die letztlich den Menschen an Gottes Stelle setzen. Dietrich Bonhoeffer hatte bereits in den Manuskripten zur christlichen Ethik davor gewarnt, Gott durch den Menschen zu ersetzen, wenn er ausführt: »Nicht, dass ich gut werde noch dass der Zustand der Welt durch mich gebessert werde, ist dann von letzter Wichtigkeit, sondern dass die Wirklichkeit Gottes sich überall als die letzte Wirklichkeit erweise. Dass sich also Gott als das Gute erweise, auf die Gefahr hin, dass ich und die Welt als nicht gut, sondern als durch und durch böse zu stehen kommen, wird mir dort zum Ursprung des ethischen Bemühens, wo Gott als letzte Wirklichkeit geglaubt wird.«[3]

Diese Streitschrift soll dazu beitragen, der Tendenz zur Selbstvergottung des Menschen und der damit einhergehenden Gefahr der Selbstsäkularisierung der Kirche zu wehren. Sie tut das, indem sie ganz unbefangen die Frage stellt: Geht der Kirche der Glaube aus?

Für den einen oder anderen stellt sich die Frage nicht, weil er entweder für sich zu der Überzeugung gelangt ist, dass die Kirche den Glauben längst verabschiedet hat, oder weil er der Meinung ist, dass die Kirche den Glauben nicht verlieren kann, weil jede Handlung der Kirche allein aus Glauben geschieht. Und wenn sie sich gegen den Glauben stellen sollte, dann wäre die Befreiung vom Glauben der höchste Glaubensakt. Allerdings ähnelt diese Haltung der des Mannes, der aus lauter Angst vor dem Tod Selbstmord begeht. Schon diese diametral entgegengesetzten Aussagen werfen die Frage auf, was der Glaube an Gott als Fundament der Kirche eigentlich ist.

Vielleicht aber ist inzwischen der gute alte Glaube an den trinitarischen Gott selbst auch nur noch ein antiquarischer Gegenstand – längst überholt –, und die Kirche muss sich nach etwas anderem umsehen als nach diesem alten, aus der Mode gekommenen und in einer bunten globalisierten Welt überflüssigen Glauben? Nach der richtigen ideologischen Gesinnung oder ethischen Haltung? Nach Seelenwellness oder nachhaltigem Lebensstil? Nach einem Leben, das in der Endlichkeit gelingen kann,[4] wobei damit die Endlichkeit als Absolutum gesetzt wird, was letztlich nichts anderes ist als die Grundmaxime des Atheismus? Nach Patriotismus oder Totalitarismus? Nach einem Wohlfühlprotestantismus, der Sünde, Erlösung, Trinität nicht mehr kennen will?

Die Akzeptanz der Sündhaftigkeit des Menschen, die zu den christlichen Glaubenstatsachen gehört, stört in unserer hedonistischen Zeit nur. Also weg mit der Sünde, weg mit allem Kantigen, dem eigentlich Anspruchsvollen im Glauben![5] Weg mit Gottes Anspruch an uns. Selbst der Bischof von Rom, dessen nachsynodales Schreiben *Amoris laetitia* (»die Freude der Liebe«) durch seinen Vulgärsozialismus überrascht, will das Vaterunser abändern, um aus Gott eine Zeitgeistikone zu machen! Weg also mit der Zweinaturenlehre und dem Trinitätsaxiom, weg mit aller Transzendenz, her mit dem im Diesseits *gelingenden Leben*, das sich als Funktion einer totalitär-universalistischen Gesinnung im Alltag zur monolithischen Lebensnorm erhebt!

Diejenigen, die nicht müde werden, Vielfalt zu predigen, negieren oft genug alle Unterschiede, da in ihren Augen alles gleich gültig ist. Doch wem alles gleich gültig ist, dem ist auch alles gleichgültig, die Verschiedenheiten der Religionen und die Unterschiedlichkeit der Kulturen. Und auch hier lehrt uns die Sprachgeschichte in schnörkelloser Wissenschaftlichkeit, dass »gleichgültig« synonym steht für teilnahmslos, belanglos, unwesentlich. Kluges Etymologisches Wörterbuch definiert »gleichgültig« als »gleich viel geltend«, und da dies bedeutet: »es ist unwichtig, wie man sich entscheidet«, ist es eben auch »unwichtig, bedeutungslos«.

Doch es ist Gott, der die Vielfalt schuf und die Unterscheidung zur ersten geistigen Operation machte, dem nicht alles gleich gültig ist und der uns nicht gleichgültig sein darf. Der erträumte Universalismus, in dem alle Unterscheidung und aller Streit aufgelöst werden, ist der Universalismus des Friedhofes, ist der Ort der sterblichen Überreste, das Sinnbild der Endlichkeit. So ist jener falsche Universalismus letztlich ein Rüschenkleid des nackten Kaisers dieser Welt in der verdrängten Verzweiflung seiner Endlichkeit, dem Gott gestorben sein muss, weil er ihn nicht mehr findet. Kann das funktionieren? Oder würde nur die vergleichgültigte Vielfalt zur globalisierten Einfalt? Soll Kirche danach streben, Dienstleistungszentrum für eine globalisierungswillige Elite zu werden? Eine Art Moralagentur zum Auffüllen der Lücken, an denen ein blutleerer und begründungsfreier Verfassungspatriotismus versagt? Soll das Jenseits ganz ins Diesseits gezogen werden, nachdem die Gott-ist-tot-Theologie schon im letzten Jahrhundert den Schöpfer, Erhalter und Erlöser beerdigt hat zugunsten einer sich stets aufklären müssenden Aufklärung, die dadurch in ihr Gegenteil umschlägt? Das ist es nämlich, was aus der Aufklärung der Aufklärung folgt: der Umschlag in ihr Gegenteil. Der Ausgang aus dem Ausgang der selbstverschuldeten Unmündigkeit führt in die Unmündigkeit, die Kritik der Kritik in die Panegyrik. Die Aufklärung frisst wie Saturn ihre Kinder.

Vielleicht erleben wir gerade die Wiederkehr eines Kults des höchsten Wesens, wie ihn die Jakobiner dem Volk verordneten – nur dass an die Stelle der Vernunft eine Moral getreten ist, die umso weniger christlich ist, umso inflationärer sie christlich genannt wird. Dass Politiker wie Jürgen Trittin in der sogenannten Flüchtlingskrise die christliche Nächstenliebe anmahnen, weil ein falscher Begriff von christlicher Nächstenliebe ihre politischen Ambitionen zu begründen hilft, zeigt, wie sehr die Kirche bereits Hans im Glück ist und an Autonomie verloren hat.

Doch Hansens Glück zu stören, ist für die Kirche essenziell, wenn sie Kirche bleiben will. Sie muss sich aus den Niederungen der Parteipolitik erheben. Sie kann es, indem sie sich wieder auf ihre Aufgaben besinnt, deren vornehmste die Bezeugung des Evangeliums ist. Dabei spricht nichts gegen eine gute Beziehung zwischen Staat und Kirche. Niemand sehnt sich in die sozialistischen Zeiten der Diskriminierung und Unterdrückung von Glauben und Kirche zurück. Evangelische wie katholische Christen in Deutschland sollten froh über das Kooperationsmodell sein, das in unserem Land zwischen Staat und Kirche (noch) in Kraft ist. Liest man allerdings den Titel von Ellen Ueberschärs kürzlich erschienenem Buch »religiös & ruhelos. Die Zukunft des Christentums ist politisch« kann man sich schon fragen, ob es nicht mindestens den Kirchentagen inzwischen weniger um Glauben als vielmehr um sogenannte »Zivilreligion« geht. Doch Zivilreligion ist wie Zivilgesellschaft entweder eine Tautologie – denn die heutige Gesellschaft ist zumindest noch eine Bürgergesellschaft, während heutiges Christentum der Glaube von Bürgern eines demokratisch verfassten Staates ist – oder sie ist ein »totes Holz«, weil sie eine Schöpfung aus einer Art »reinem Geist« ist, der über Seminartischen und Vorlesungspulten kreist.

Das Kreuz als Skandalon scheint hier ausgedient zu haben. Vergessen scheint Jesu Ablehnung, sich politisch instrumentalisieren zu lassen. Sein Wort »Mein Reich ist nicht von dieser Welt« gilt zu vielen in ursprünglich kommunistischer Interpretationsmanier als lebensfeindliche Vertröstung denn als Hoffnung spendender Trost, der Handeln im christlichen Sinn erst ermöglicht.

Die evangelischen Kirchen müssen zum Glauben auf der Grundlage des Evangeliums und ihrer Bekenntnisse zurückfinden, von dieser Notwendigkeit handelt dieses Buch. Bisher hat Kirche das in der Vergangenheit immer wieder vermocht. Die Zuversicht des Glaubens vermittelt uns die Gewissheit, dass sie das auch in unserer Zeit wieder schaffen wird.

Ein persönliches »Vorab« sei noch hinzugefügt. Weder bin ich Theologe noch Pfarrer noch Bischof. Auch hege ich nicht den Wunsch, es zu werden. Ich bin nichts weiter als ein evangelischer Christ, Lutheraner. Aber als Lutheraner trage ich wie jeder andere Christ, wie jedes andere Glied unserer Kirche, für diese Kirche Verantwortung. Es kann mich nicht unberührt lassen, wenn Freunde und Bekannte, Christen, die ich schätze, die Kirche verlassen – oft, nachdem sie jahrelang mit sich gerungen haben. Es kann mich nicht kaltlassen, wenn andere, wie oft auch ich, sich damit quälen, dieser Kirche anzugehören, sie mitzutragen, weil in Christi Kirche an die Stelle des Glaubens immer stärker bloße Gesinnung – oft umschrieben mit »Werten« oder »Haltung« – tritt.

Ich kann und will und werde nicht dazu schweigen, wenn Exklusionen und Herabsetzungen von Christen erfolgen, weil ihre politischen Überzeugungen nicht in das

Schema einer Gesinnung passen, die einem grundlosen Optimismus folgt, der nur aufrechtzuerhalten ist, wenn man die Realität verdrängt. Auf welch schwachen Füßen dieser sich »humanistisch« nennende Optimismus steht und wie realitätsblind er ist, führt die Behauptung vor, dass jeder »halbwegs intelligente Mensch weiß, dass ihre Parolen [die der Populisten] keine Probleme lösen«.[6] Denn jeder »halbwegs intelligente Mensch weiß« auch, dass die »Populisten« diese Probleme nicht geschaffen haben. Sie sind da, real, und das hat mit den »Populisten« nichts zu tun.

In der schönen, hellen Welt des evangelischen Poesiealbums, in dem der Mensch »eigentlich« gut ist, kommt die Realität nur als finsterer Geselle vor. Sein grundloser Optimismus benötigt genau dort, wo er der Wirklichkeit nicht mehr auszuweichen vermag, den Notausgang der Verschwörungstheorie, muss die Grenzen seiner braven Vorstellung mit heimtückischen Konspirateuren, mit »Welteneindunklern«, die man in den »konservativen Ecken der Kirche« besonders oft anträfe,[7] bevölkern. Diejenigen, die in dieser wenig christlichen Weise Menschen in Ecken stellen, sollten sich an den Psalm 118 erinnern: »Der Stein, den die Bauleute verworfen haben, ist zum Eckstein geworden.« (Psalm 118,22)

Ich schreibe dieses Buch aus der Vollmacht heraus, die Martin Luther jedem Christen in der *Freiheit eines Christenmenschen* zuerkannte, aus Verantwortung der Kirche gegenüber und weil ich will, dass unsere Kinder eine Zukunft in diesem guten Land haben, eine Zukunft, in der sie sich frei und, ohne Repressalien zu fürchten, zum Christentum, zu Christus bekennen können. Das ist in diesem unseren Land nicht mehr zu allen Zeiten und nicht mehr aller Orten möglich. Das ist keine Angstmache, sondern leider Realität. Es tut der Kirche nicht gut, wenn Glieder der Kirche, Schwestern und Brüder in Christus, kirchenamtlich heruntermoralisiert werden! Im Gegenteil: Es spaltet die Kirche.

Ich wünsche mir, dass all jene, die ähnlich empfinden und denken, nicht die Kirche verlassen oder still weiter an ihrer Kirche leiden. Ich wünsche ihnen, dass sie die Angst verlieren, in Ecken gestellt zu werden, und in den Disput über den Zustand unserer Kirche eintreten. Denn die Kirche wurde nicht für die Frau Bischöfin oder den Herrn Pfarrer gestiftet, sondern für alle Christen gleichermaßen, sie ist »die Gemeinschaft der Heiligen«, die Gesamtheit ihrer Glieder. So haben auch alle Christen das Recht und die Pflicht, sich gleichberechtigt und mit gleichwertiger Stimme in diese Diskussion einzubringen.

INHALT

GESINNUNG ODER GLAUBE?

Ein Gerücht macht die Runde: Die Gesellschaft sei gespalten, und diese Spaltung vertiefe und diversifiziere sich. Alle Politiker warnen mit tiefbesorgten Mienen davor, alle Journalisten pfeifen es aus ihren Sendeanstalten, klagen in Zeitungen oder Posts über die Atomisierung der Gesellschaft, und von mancher Kanzel tönt die gleiche Litanei. Andere ziehen neue Mauern durchs Land, indem sie den jeweiligen politischen Gegner moralisch zu disqualifizieren suchen. Emotionen werden geschürt, Sachargumente spielen eine immer geringere Rolle. Doch stimmt das Gerücht? Ist die deutsche Gesellschaft wirklich so gespalten? Oder ist die These von der Spaltung nur ein hilfloser Versuch, durch kräftigen Manichäismus den wirklichen Zustand des Landes zu verdecken und damit die eigene Verantwortung auf andere als Sündenböcke abzuwälzen? Falls ja, vergisst man dabei, dass die Böcke selbst nicht sündigten, sondern nur die Sünde trugen – und zwar die der anderen. In vulgo: Die Vorstellung von der Spaltung der Gesellschaft suggeriert, dass zwei Lager existieren, und zwar die Guten und die Bösen, Helldeutschland und Dunkeldeutschland. Aber so einfach ist es nicht, weder mit den zwei Lagern noch mit dem Gutsein oder Bösesein noch mit dem hellen und dem dunklen Deutschland. Vielmehr durchziehen das Land viele Spaltungen, weshalb es inzwischen wie ein aufgeplatztes Sofakissen wirkt. Die Gemeinsamkeiten schwinden, die Bindekräfte, die jede Gesellschaft benötigt, verlieren sich. Christentum, Nation, Kultur könnten solche Bindekräfte sein. Doch sie stehen unter Vorbehalt oder werden abgelehnt. Eine Staatsministerin, die noch dazu für Integration zuständig ist, vermochte keine spezifisch deutsche Kultur jenseits der Sprache zu erkennen. Das wirft die Frage auf, wohinein denn integriert werden soll.

Um die Nation, die unbedingt zu überwindende, steht es noch schlimmer. Jedem Versuch, rational über Nation zu sprechen, wird irrational begegnet, indem er als »rechts« denunziert wird. Dabei gibt es wohl kein genuin linkeres Projekt als die Nation, doch dazu später. Bliebe also nur noch das Christentum. Das hat jedoch gerade einen schweren Stand. In dieser Gesellschaft, die ihre Bindekräfte verliert und sich zunehmend »desozialisiert«, agiert Kirche.

Die Grundthese der Streitschrift lautet: Nie war die Kirche wichtiger als heute. Und nie war Kirche bedrohter als heute, obwohl ihr an sich alle Wege offenstehen. Doch Teile der verfassten Kirche verwechseln den Zeitgeist mit dem Heiligen Geist und scheinen vergessen zu haben, dass Kirche nicht nur aus ihrer jeweiligen Zeit lebt, sondern aus allen Zeiten und über alle Zeiten hinweg.

Die zunächst gute Nachricht ist: Eine Mehrheit der Deutschen befürwortet das Christentum. Doch trübt sich das Bild schnell ein, denn nur eine Minderheit der Deutschen besucht regelmäßig den Gottesdienst. Die Ergebnisse einer Allensbach-Studie im Rahmen der FAZ-Monatsberichte[8] zeichnen auf den ersten Blick ein paradoxes Verhältnis der Deutschen zu Christentum und Kirche. Bei näherem Hinsehen stellt sich die Frage, ob sich nicht umgekehrt das Verhältnis der Kirche zum Christentum selbst als paradox, zumindest als zweideutig und daher verwirrend erweist. Es hat den Anschein, dass die Kirche ratlos vor dem Glauben steht, der doch ihr Grund ist – und zwar in doppelter Weise. Erstens bildet er das Fundament, auf dem sie steht, und zweitens ist er zugleich die Ursache dafür, dass es sie gibt. Aber die gesellschaftliche Akzeptanz des Christentums erstreckt sich nicht deckungsgleich auf die Kirche als Institution und auch nicht darauf, *den Glauben* zu leben.

Laut Allensbach sind 63 Prozent der Deutschen der Meinung, dass Deutschland stark vom Christentum geprägt ist, 56 Prozent votieren dafür, dass Deutschland in der Öffentlichkeit stärker zeigen sollte, dass es ein christliches Land ist. 85 Prozent der Befragten lehnen es ab, einen christlichen Feiertag für die Einführung eines islamischen Feiertags zu streichen. Allerdings wird nur in neun Prozent der Haushalte ein Tischgebet gesprochen.[9]

Einerseits existiert eine Hinwendung zum Religiösen, andererseits findet dieses Interesse am Religiösen nicht in den Kirchen seinen Ort. Schlimmer noch: Dieses Interesse geht an den Kirchen vorbei, Kirche kommt in diesem Zusammenhang kaum mehr vor. Dem Christentum wird zwar eine wichtige Rolle bei der Bewahrung von Identität und Heimat zugesprochen, aber diese Einschätzung bleibt im Nationalen oder Kulturellen stecken und erstreckt sich nicht auf seinen eigentlichen Bereich: auf den Glauben. Christentum und Kirche gehören zwar zusammen, werden aber anscheinend immer weniger als zusammengehörig wahrgenommen, weil der Abstand zwischen dem Christentum als glaubensbasierte Kulturgrundlage und der Kirche als politischem Akteur immer größer wird. Die Pole liegen nicht nur zu weit auseinander, mehr noch, sie streben weiter auseinander.

Ist es also so, dass die Kirche von dieser Hinneigung zum Religiösen und von der positiven Einschätzung des Christentums darum nicht zu profitieren vermag, weil sie immer mehr als Teil eines politischen Establishments erfahren wird, das zunehmend auf Kritik und Ablehnung, aber auch auf Enttäuschung und Ratlosigkeit stößt? Wird das Christentum weniger als Religion, denn mehr als bloßer Wertegarant im säkularen Raum gesehen? Als Bewahrer heimatlichen Brauchtums, als Garant für Heimat schlechthin? Immer öfter helfen auf den Dörfern und in den kleinen Städten in Thüringen und in Sachsen auch Atheisten mit, die Ortskirchen zu sanieren.

Um dem Christentum diese Rolle zuzusprechen, ist es nicht notwendig, Christ zu sein. Für die Berliner gehört der Fernsehturm zur Heimat, auch wenn die wenigsten Berliner die Kugel des Fernsehturms je besucht haben. Aber was wäre Berlin ohne den Fernsehturm? Es ist nicht entscheidend, dass man von etwas praktischen Gebrauch macht, sondern dass es das eigene Lebensgefühl stützt.

Wenn viele Befragte im Christentum den Bewahrer von Heimat und Identität sehen, dann ergäbe sich die Paradoxie, dass genau diejenigen in der Kirche, die einer Politisierung der Kirche das Wort reden, die von den Postulaten der Entgrenzung und Weltoffenheit in einem universalistischen Sinn ausgehen, sich exakt gegen das positionieren, was die Deutschen von einer christlichen Kirche erwarten: Bewahrung des Christlichen statt politisierendes Oberlehrertum. Weltoffenheit wurde immer mehr zu einem Synonym für Heimatlosigkeit. Da Heimat durch Herkunft und Tradition bestimmt wird, müssen Herkunft und Tradition von den neuen Universalisten abgewertet werden. Die Kirche hat sich dem Linksliberalismus als Ideologie geöffnet, der exakt diese Abwertung von Herkunft und Tradition vertritt.

Das geschieht in einer Situation, in der Verschiebungen an der gesellschaftlichen Oberfläche zunehmend tektonische Tiefen erreichen und zu ernsthaften Spannungen und Störungen führen. Diese Verwerfungen in der Gesellschaft sind weder mit Rhetorik noch mit Moral zu beheben. Die Lebensweise einer Mehrheit wird infrage gestellt zugunsten von immer neuen alternativen Lebensentwürfen immer neuer Minderheiten, ohne dass gefragt würde, inwieweit sich diese Alternativen auf Dauer bewähren. Dabei sind ein Teil der neuen Minderheiten reine Kunstprodukte, geschaffen in den Laboren der Genderideologen, Kreationen einer neuen Geschlechteralchemie. Die Amerikaner nennen das *wag the dog* (der Schwanz wedelt mit dem Hund). Dieser Vorgang destabilisiert die Gesellschaft, weil diese immer neuen Minderheiten nichts miteinander verbindet. »Als Folge der seit dem Zweiten Weltkrieg ausgeweiteten Minderheitenschutzbestimmungen ist die Verteidigung der Rechte nationaler Mehrheiten ›weitgehend in einen Bereich außerhalb der akzeptierten normativen Ordnung‹ geraten.«[10] Im Gegenzug wird das Christentum immer stärker zum Symbol der Mehrheitsrechte, weil Deutschland christlich geprägt ist und die wichtigsten Feiertage dem Christentum entstammen, wie die Umfrage illustriert. Es drängt sich der Eindruck auf, dass ausgerechnet das Christentum das ist, was bleibt, wenn alles andere aufgebraucht oder zerstört wurde. Darin liegen, so ungewohnt die Betrachtungsweise auch sein mag, Chance und Aufgabe der christlichen Kirchen. Die Bedeutung des Christentums in der spätmodernen Gesellschaft Deutschlands findet sich weitaus stärker in der Kultur als in der Religion. Das muss kein Nachteil sein, denn es führt auch ein Weg über die Kultur zur Religion. Religion kann auch sehr stark und sehr nachhaltig im Kulturellen erfahren werden. Manch einer begegnet erstmalig oder wieder dem Christentum in der Kultur, weil Ersteres das Letztere geprägt hat.

Dass es so weit kommen konnte, ist Resultat einer Entwicklung, die zur Krise führt, die zugleich aber auch einen Weg aus der Krise weist. Die starke christliche Prägung steht für 63 Prozent der Befragten für etwas, für das ihnen durch die Hegemonie des Diskurses der Achtundsechziger und Nachachtundsechziger die Begriffe genommen oder tabuisiert wurden: für Nation, für Identität, für Heimat. In einem gesellschaftlichen Zustand, in dem die Lebenswirklichkeit der Mehrheitsgesellschaft nur noch als reaktionärer Widerborst vorkommt und viele Anstrengungen im öffentlichen Raum unternommen werden, eine gewünschte Realität durch einen Journalismus herbeizuschreiben, der nicht mehr der Objektivität, sondern dem Erwünschten verpflichtet ist, setzt Sprachverunsicherung und im nächsten Schritt Sprachverwirrung ein. Das zeigt sich nicht zuletzt an den Versuchen, Sprache angeblich gendergerecht oder politisch korrekt zu zerstören. Was man damit schafft, ist eine durchideologisierte Kunstsprache, die den Abstand zur »normalen« Bevölkerung ins Extrem treibt. Ist dieser Zustand erreicht, ist gesellschaftliche Verständigung kaum mehr möglich. Die Bibel kennt diesen Vorgang und hat ihn uns zur Lehre in der Geschichte vom Turmbau zu Babel aufbewahrt. »Wohl auf, lasst uns eine Stadt und einen Turm bauen, dessen Spitze bis an den Himmel reiche, dass wir uns einen Namen machen.« (1. Mose 11,4) Der Himmel der neuen Turmbauer ist eine Hypermoral, die Gott nicht mehr kennt. Der Philosoph Alexander Grau merkt dazu an: »Moral ist unsere neue Religion ... Wenn aber Moral zur Religion wird, müssen die letzten Restbestände traditioneller Religiosität moralisch umgedeutet werden.«[11]

Hypermoral bedeutet, dass moralisch deklarierte und im Übrigen nicht hinterfragbare Zielvorstellungen zur einzigen Begründung von Entscheidungen im öffentlichen Raum werden und damit das rationale Element durch reine Willkür ersetzt wird. Recht ist, was gut ist, gut ist, was als moralisch propagiert wird. Was als moralisch deklariert wird, darf nicht hinterfragt werden. Die ethischen Grundsätze haben durch ihre hohe Abstraktion jede Verbindung zur Wirklichkeit verloren und wirken daher im öffentlichen Diskurs wie die Sentenzen der Hochscholastik. Sie sind das einzige Perpetuum mobile, das wirklich funktioniert. Einmal angestoßen, bewegen sie sich im geschlossenen Kreislauf der fortwährenden Selbstbegründung, weil aufgrund der ausgeblendeten Wirklichkeit keinerlei Widerstand oder Reibung entsteht.

Die Moralisierung von Recht entzieht dem Recht die Grundlage und wird mithin zum Un-Recht. Um diese Suspension von Recht beispielsweise in der Flüchtlingskrise zu begründen, sagte Luxemburgs Außenminister, Jean Asselborn, am 26. Oktober 2015 dem *Morgenmagazin* des ZDF: »Wir müssen auf unsere Werte und nicht nur auf die Paragrafen gucken.« Die Werte werden, von den Paragraphen befreit, zu einfachen Abstrakta. Wenn Nächstenliebe zum Beispiel als Wert an sich gesetzt und nicht mehr an die Realität, an das Machbare oder von einer bestimmten Gemeinschaft Leistbare gekoppelt wird, dann muss jegliche Einwanderung, ganz gleich woher, ganz gleich in welcher Dimension, als Pflicht hingenommen werden, denn die Aufnahme von Flüchtlingen stellt ein Gebot der Nächstenliebe dar. Das Motto einer solchen Politik würde lauten: Wir kennen keine Kapazitäten mehr, wir kennen nur noch Flüchtlinge, denn die unbegrenzte Aufnahme von Flüchtlingen wäre eine Gebot der Nächstenliebe oder der Menschlichkeit, und Menschlichkeit kennt keine Obergrenze. Dass die Begriffe Obergrenze und Menschlichkeit nicht auf einer semantischen Ebene liegen, spielt in dieser Argumentation keine Rolle, denn es geht weder um Sinn noch um Logik noch um Praktikabilität, sondern um die direkte Umsetzung eines moralischen Dogmas. Zudem würde die Nächstenliebe ad absurdum geführt, wenn sie von einer individuellen Pflicht zum gesellschaftlichen Imperativ, zum Gesetz erhoben würde. Etwas Zweites kommt hinzu: Der luxemburgische Außenminister übersah in seinem Statement die grundlegende Tatsache, dass die »Paragrafen« nichts andres als unsere Werte in Recht übersetzt sind.

In welchem gesellschaftlichen Zustand leben wir, wenn Recht und Werte Gegensätze bilden? Die voluntaristische Vorstellung, auch einmal alle fünfe gerade sein zu lassen und auf das Recht zu pfeifen, wenn es um Erfordernisse einer höheren Moral geht, bringt Verunsicherung und Willkür hervor. In einer Podiumsdiskussion zum Reformationstag 2015 wurde mir entgegengehalten: »Natürlich hat die Regierung Merkel Recht gebrochen, aber doch aus Gründen der Menschlichkeit.« Das würde auf die Konsequenz hinauslaufen: Moral sticht Recht. Wenn das so wäre, dann würden wir allerdings nicht mehr in einem Rechtsstaat, sondern in einer Moraldiktatur leben.

Stellt die Regierung selbst das Recht infrage, untergräbt sie ihre eigene Legitimität. Um den Verlust an Legitimität auszugleichen, wird sie gezwungen sein, das Recht immer weiter zu dehnen und zu beugen oder es schlicht nicht zu beachten. Dadurch käme eine verhängnisvolle Spirale in Gang. Es ist nicht ganz unwichtig, auf diesen Zusammenhang hinzuweisen, denn er spielt letztlich auch für die Diskussion um die Gewährung von »Kirchenasyl« eine Rolle. Wenn sich Kirche in einem Rechtsstaat über das Recht stellt, dann bricht sie nicht nur Recht, sondern setzt eine ethische Scharia über das Gesetz. Sie stellt damit den Rechtsstaat unter Ablehnung von Luthers Zwei-Regimenten-Lehre infrage. Lediglich in einem Staat, der kein Rechtsstaat, der eine Diktatur ist, darf und muss Kirche sogar für die demokratischen Rechte eintreten, weil es in ihm an den notwendigen rechtlichen Regularien mangelt. Hier ist sie in der Pflicht, aber nur hier. Im Kirchenasyl verfährt Kirche mit dem Rechtsstaat, als wäre er eine Diktatur und ein Unrechtsstaat. Doch die Relativierung von Recht stellt einen Akt der Willkür dar. Willkür jedoch ruft Widerstand hervor, denn Willkür integriert nicht, sondern desintegriert. Wenn die Verbindlichkeit des Rechts von den Regierenden selbst infrage gestellt wird und an seine Stelle etwas so Unsicheres wie die Postulate einer Hypermoral treten, werden für die Regierten in einer stetig wachsenden Gegenbewegung etwas Altes und Erprobtes wie Grund- oder Leitwerte, die in der Geschichte in positives Recht gegossen wurden, an Bedeutung gewinnen.

Die Verbindung vieler Menschen zum Christentum besteht weniger im Glauben als vielmehr darin, dass das Christentum für all das steht, was die Mehrheit der deutschen Bürger unter Herkunft, Identität, Brauchtum, Kultur, Tradition, Geschichte, vielleicht auch Scholle versteht – für alles, was ihre Grundwerte ausmacht. Man sollte nicht unterschätzen, dass sich mit Religionen wie Christentum, Judentum und Islam konkrete Lebensweisen und Weltsichten verbinden und in ihnen auch eigene Geschichte und Selbstvergewisserung manifest werden. Diese Prozesse der Selbstvergewisserung brauchen nicht einmal die rationale Ebene zu erreichen, sondern können durchaus schon auf der emotionalen sehr effizient wirken. Selbst wenn man kein Christ ist, wurde man von christlichen Lebenswelten geprägt. Es existiert auch abseits von Glaubensüberzeugungen so etwas wie ein weit verbreitetes Kulturchristentum. Darin läge für die Kirche eine Chance, ein Anknüpfungspunkt für erfolgreiche Mission, wenn man denn missionieren will. Auch aus dieser tiefen Prägung – ganz gleich, ob noch christlichen Glaubens oder nicht – erklärt sich die Verunsicherung, die Betroffenheit, der Zorn vieler darüber, dass ihre Mehrheitsrechte missachtet werden, wenn zu Weihnachten in Schulen christliche Weihnachtslieder nicht mehr gesungen werden dürfen, das Martinsfest schamhaft zum Lichtfest umetikettiert wird usw. Ein kulturell rezipiertes Christentum[12] scheint der Kirche fremd zu werden, weil sie praktisch die Kultur infrage stellt.

Die Kirche setzt sich stark für Minderheitenrechte ein. Das ist gut, solange damit keine Missachtung der legitimen Rechte der Mehrheit verbunden ist. Denn das würde im Endeffekt auf die Preisgabe des Christentums zugunsten einer neuen Religion hinauslaufen, die alle expliziten Bekenntnisaussagen abschleift, damit sie minderheitenkompatibel wird. Diese Entwicklung ist an vielen Stellen schon zu besichtigen. Da gibt es Theologen, die die christliche Charakterisierung des Menschen als Sünder bestreiten und für die Jesus nicht mehr inkarnierter Gott, sondern nur noch Prophet ist.[13] Wem will man damit näherkommen? Dem Judentum, dem Islam, dem Atheismus? Vermutlich allen – nur den Christen nicht mehr. Kann man »von oben« ein globales Weltethos schaffen, das keine spezifischen Glaubensinhalte mehr, sondern nur noch moralische Postulate zur Grundlage hat? Die Kirche würde sich entkirchlichen, weil sie der Schimäre der Entgrenzung hinterherliefe. Doch mit der Entgrenzung würde die Freiheit verlorengehen, die des Schutzes durch Grenzen bedarf.

Es scheint, als sei manchen Christen ihr Glaube fremd geworden, ja unangenehm, als empfänden Teile der Kirche ihn als hinterwäldlerisch oder gar als reaktionär. Der Migrationsforscher Ruud Koopmans bringt es in Anlehnung an den kanadischen Philosophen Will Kymlicka auf den Punkt, was diejenigen, die sich für ein explizites Christentum aussprechen, bewusst oder unbewusst fühlen: dass sie »keinen anderen Ort auf der Erde« haben, ›wo sie in ihrer eigenen gesellschaftlichen Kultur leben‹ können«.[14] Hinter dem Wunsch einer Mehrheit, wie die Allensbach-Studie belegt, dass Deutschland in der Öffentlichkeit stärker zeigen solle, dass es ein christliches Land ist, steht die Forderung, dass die kulturellen und auch existenziellen Rechte der Mehrheit, die begrifflich mit dem Christentum verbunden werden, zu schützen sind. Dem entgegen agiert ein harscher Multikulturalismus, der umso lauter wird, je stärker er im Alltag scheitert. Seine Vertreter verlieren die Wirklichkeit aus den Augen und verfallen dem Modus irrealis. Längst hat doch die Realität gezeigt, dass, wer Multikulturalismus will, ein Bündel von Parallelgesellschaften bekommt. All diejenigen, die über die Spaltung der Gesellschaft klagen und sie den Rechten, den Populisten, den Islamophoben, den Rassisten, den Heterodominanten, den alten weißen Männern, den Abgehängten im Osten ad libitum etc. zuschieben, übersehen die Aufspaltung in Parallelgesellschaften. In bester kommunistischer Manier werden beständig Klassenfeinde erfunden, denen man verschiedene Namen gibt, die aber im Grunde immer nur eines sind: der Feind, den es erbarmungslos zu bekämpfen gilt.

Ist der Kirche dieser totalitäre Zug bewusst? Die auch in ihr weit verbreitete Vorstellung, dass das gesellschaftlich Erreichte nun verteidigt werden muss gegen Reaktion, gegen Regression,[15] gegen massenhaft auftretende neue Rechte, ist historisch ein alter Hut. Sie ähnelt Stalins Theorie von der Verschärfung des Klassenkampfes beim erfolgreichen Aufbau des Sozialismus. Umso größer der Erfolg, umso mehr Feinde treten auf. Doch woher kommen diese Feinde? Sind es nur zu kurz Gekommene? Abgehängte? Debile? Wutbürger? Besorgte Bürger? Spießer? Oder tragen die Deutschen doch den Nationalsozialismus in den Genen und müssen deshalb von selbst ernannten Tugendwächtern dauerhaft bewacht und geschult werden?

Ein Symptom für das Scheitern des Multikulturalismus zeigt sich im Rückzug des Rechtsstaates, oft auch im Kontrollverlust. Um dieses Scheitern zu kaschieren, kann der Rückzug des Rechtsstaates sogar zum politischen Ziel erklärt werden. Die Integrationsbeauftragte der Bundesregierung, Aydan Özoguz, fordert in ihrem Strategiepapier vom 21. September 2015: »Auch mit Blick auf die hohen

Flüchtlingszahlen ist klar: Wir stehen vor einem fundamentalen Wandel. Unsere Gesellschaft wird weiter vielfältiger werden, das wird auch anstrengend, mitunter schmerzhaft sein. Unser Zusammenleben muss täglich neu ausgehandelt werden.«[16]

Die Vorstellung von einem ständig neuen Aushandeln des Zusammenlebens zielt treffsicher auf die Abschaffung des Rechtsstaates. Recht und Gesetz legen den Rahmen und die Spielregeln des Zusammenlebens fest. Dort, wo das Zusammenleben »ständig neu ausgehandelt werden muss«, regiert das Recht des Stärkeren oder das Recht der stärkeren Gruppe. Hingegen wird der Rechtsstaat – die Vorstellung von einem handlungsfähigen Staat, der die Hoheitsrechte durchsetzt und die Sicherheit seiner Bürger garantiert – auch dem Christentum zugerechnet. Auch wenn es viele nicht wissen werden: All diejenigen, die wünschen, Deutschland solle in der Öffentlichkeit stärker zeigen, dass es ein christliches Land ist, berufen sich in gewisser Weise auf Martin Luthers Zwei-Regimenten-Lehre. Der »Obrigkeit«, dem Staat also, kommt das Gewaltmonopol gerade darum zu, weil er dafür sorgen soll, dass unser Zusammenleben *nicht* täglich neu ausgehandelt werden muss. »Ein jeglicher Herr und Fürst ist schuldig, die Seinen zu schützen und ihnen Frieden zu schaffen. Das ist sein Amt, dazu hat er das Schwert ...«[17] Man kann der Integrationsbeauftragten natürlich nicht vorwerfen, dass sie Martin Luther nicht gelesen hat, aber das Grundgesetz sollte sie schon rezipiert haben. Sie weiß, dass unser Grundgesetz fundamental geändert werden müsste, wollte man den Ansatz des Aushandelns durchsetzen. Das strebt sie im Übrigen folgerichtig an.[18] Doch noch beginnt unser Grundgesetz mit den Worten: »Im

Bewusstsein seiner Verantwortung vor Gott und den Menschen«. In der Präambel kommt Gott vor den Menschen, als Garant für die Rechte und Pflichten der Bürger, wie sie im Grundgesetz festgelegt worden sind. Auch das verbinden die Befragten mit dem Christentum und verlangen daher, dass es sich stärker zeigen soll. Im christlich geprägten Raum gilt ein staatlich verfasstes, heute säkulares Recht. Historisch wurzelt es im römischen Recht, das von der mittelalterlichen Kirche in Europa etabliert wurde.

In ihrer Rede zur Flüchtlingswelle im November 2015 auf dem Parteitag der Grünen sagte die ehemalige Präses der Synode der Evangelischen Kirche in Deutschland (EKD), Katrin Göring-Eckardt: »Unser Land wird sich ändern, und zwar drastisch. Und ich freue mich drauf!«[19] Viele jedoch wünschen die drastische Veränderung des Landes nicht, zumal sie gar nicht gefragt worden sind, sondern die drastische Veränderung *per ordre de mufti* über sie hereinbricht. Noch weniger freuen sie sich darauf. Die Resultate dieser Veränderung geben in der Tat wenig Anlass dazu.

Im Gegensatz zu solchen Statements wird von vielen Deutschen gerade vom Christentum eine beharrende, identitäts- und wertestiftende Kraft erhofft. Wie stellen sich die Kirchen dazu? Tut sich hier ein Riss zwischen Christentum und Kirche auf? Wird Kirche in der Öffentlichkeit, umso mehr sie als parteipolitischer Akteur erscheint, immer weniger mit dem Christentum oder dem Glauben verbunden? Verdeckt ihr politisches, gar parteipolitisches Auftreten in der Öffentlichkeit den Glauben? Schafft sich Kirche so selbst ab? Ist die Kirche selbst ungläubig geworden, indem sie nicht mehr zuerst die auf Gott ausgerichtete Perspektive des Lebens allein aus Glauben einnimmt, sondern eher die Rolle eines politischen Akteurs im säkularen Raum? Gehört die christliche Wortwahl nur noch zu ihr wie der bayrische Dialekt zu einem CSU-Politiker? Verzweifelt sie gar am Glauben, weil sie an seiner Wirksamkeit in unserer Zeit zweifelt? Sucht sie im Zeitgeist ihr Heil? Vollzieht sie daher den Perspektivwechsel von Gott zur Welt? Schämt sie sich, so etwas Altes, Uncooles und Reaktionäres wie den Glauben an Gott zu vertreten, und flüchtet daher ins Politische? Glauben – das riecht für einige nach muffigem Kirchenraum. Es gibt jedoch für mich keinen helleren und luftigeren Raum als meine Friedenskirche in Potsdam.

Einer der vielen aller Ehren werten Pfarrer, die ohne viel Aufhebens tagaus, tagein, jahraus, jahrein engagierte Gemeindearbeit leisten, einer von denen, die nicht im Rampenlicht stehen, aber im Dienst des Herrn wie die treuen Arbeiter im Weinberg wirken und die Aorta des Körpers der Kirche bilden, sagte mir im vertraulichen Gespräch: »Ich gestehe, manchmal fühle ich mich in dieser meiner Kirche jenseits des berühmt-berüchtigten ›heimischen Kirchturms‹ nicht mehr wirklich zu Hause. Was bleibt, das ist, unter der Gnade am eigenen Ort nach bestem Wissen und Gewissen zu wirken, soweit Kräfte und Fähigkeiten dafür gegeben sind.« Er wird weiter arbeiten im Dienst am Glauben in einer Kirche. Andere verlassen dagegen die Kirchen, wieder andere resignieren.

Der bedeutende Papst Benedikt XVI. schrieb noch als Theologe Joseph Ratzinger in dem bemerkenswerten Aufsatz »Warum ich noch in der Kirche bin«: »Die wahre Theologie der Kirche scheint so nur noch darin bestehen zu können, ihr die theologischen Prädikate zu nehmen, sie rein politisch zu betrachten und zu behandeln.«[20] Diese

Worte wirken, obwohl früher notiert, wie ein kritischer Kommentar auf das nachsynodale Schreiben *Amoris laetitia* des Bergoglio-Papstes und nicht weniger auf eine damit korrespondierende Haltung in der evangelischen Kirche, die treffend von der Vorständlerin der grünen Heinrich-Böll-Stiftung, Ellen Ueberschär, so zusammengefasst wurde: »Die Zukunft des Christentums ist politisch.« Das klingt zupackend, erneuernd, modern, es klingt nach Bilderstürmerei und Avantgarde – und nach dem strikten Willen, allein »die *Wahrheit des Diesseits* zu etablieren«.[21] Die Transzendenz wird zu Immanenz, Glaube zu Moral. Wo aber der Überschuss, das über die weltliche Existenz Hinausgehende fehlt, da wird das Leben zu einer rein technischen Tatsache, die mit den Kategorien von Gelingen, Machbarkeit, Fehler, Störung und Lösung operiert.

In Blick auf den Drang, ganz in der Welt für die Welt vollkommen weltlich oder besser politisch wirken zu wollen und dabei diesen Überschuss oder die Heilsmöglichkeit mit großer moralischer Geste wegzuschieben, hat Meister Eckhart bereits zu bedenken gegeben: »Die Leute sagen oft zu mir: ›Bittet für mich!‹ Dann denke ich: ›Warum geht ihr aus? Warum bleibt ihr nicht in euch selbst und greift in euer eigenes Gut? Ihr tragt doch alle Wahrheit wesenhaft in euch.‹«[22]

Die Wahrheit, die wir »wesenhaft« in uns tragen, ist Christi Heilszusage auf die Vollendung des Lebens in dem Reich, das nicht von dieser Welt ist. Diese Wahrheit nur als eine Vertröstung auf den Sankt-Nimmerleins-Tag sehen zu wollen, wie es Heinrich Heine im Stile eines Gassenhauers so hübsch gedichtet hatte: »Den Himmel überlassen wir den Engeln und den Spatzen«[23], bedeutet doch, dass der Mensch nicht einer Illusion, sondern des Himmels beraubt wird. Er bedeutet, dass der Sieg über den Tod, von dem Paulus spricht, rückgängig gemacht wird und der Tod wieder seine Herrschaft antritt.

Dieser Überschuss der nicht immanent aufzulösenden Hoffnung auf die neue Welt und den neuen Menschen ist doch keine Illusion, sondern Wegzehrung. Die Wahrheit ist gerade der Überschuss, die Vollendung, die im Diesseits nicht zu erreichen ist – und sie ist, wie Meister Eckhart beschreibt, Teil unseres Wesens, ist uns wesentlich. Uns wurde dadurch, dass Christus eingefleischt wurde, dass das Wort Fleisch ward, unter uns wohnte und wir seine Herrlichkeit sahen – »eine Herrlichkeit als des eingeborenen Sohnes vom Vater, voller Gnade und Wahrheit« (Johannes 1,14) –, beispielhaft und als Wahrheit bestätigt. Alle Gottesbeweise werden durch den einen Beweis der Tat obsolet. In Christus findet die Wahrheit ihren Grund, so dass sie geglaubt werden kann.

Wir tragen die Wahrheit in uns wie einen Keim, sie wurde uns wesenhaft mitgegeben, weil wir Geschöpfe Gottes sind. Oder wie Heinrich von Kleist am 29. Juli 1801 an Adolfine von Werdeck schrieb: »Ach, ich trage mein Herz mit mir herum, wie ein nördliches Land den Keim einer Südfrucht. Es treibt und treibt, und es kann nicht reifen.«[24] Wenn es die Gnade des Glaubens nicht annimmt, dann wird das Herz nicht reifen, dann bleibt es in dem nördlichen Land wie in einem Verlies.

Wenn der Glaube eine Gnade Gottes ist, so wird diese Gnade durch Christus in die Welt gebracht. Einmal historisch durch das konkrete Geschehen in Eretz Israel und Jerusalem vor zweitausend Jahren, aktuell durch die Vergegenwärtigung in Leben, Denken, Lesen, Beten und Hinwendung der Christen zu Christus und schließlich durch die Liturgie und den Gottesdienst. Im Abendmahl erfahren wir stets von Neuem Christi Gegenwart und erleben damit seine Heilszusage. Dieses Erlebnis der Heilszusage, die Begegnung mit Christus, stellt die Mitte des Gottesdienstes dar, den man deshalb nicht politisieren darf. Die Politisierung der Heilszusage würde zu ihrer Verweltlichung führen. Eine komplett verweltlichte Heilszusage stellt einen Widerspruch in sich dar. Sie wäre im Wesentlichen eine Heilsabsage, weil sich Jesu Heilszusage auf *sein* Reich bezieht, das nicht von dieser Welt ist bzw. nicht in ihr aufgeht. Diesen Transzendenzbezug verliert Kirche durch eine umfassende Politisierung, weil sie dadurch allein auf diese Welt ausgerichtet wird. Christus ist dann nicht mehr Gottes Sohn, sondern Promi, Kumpel, Weisheitslehrer.

Ein Freund, der in den 1980er Jahren ein evangelisches Gymnasium mit Internat besuchte, ging, wie er mir erzählte, immer in die benachbarte katholische Kirche zum Gottesdienst, weil er in den Dritte-Welt-Veranstaltungen, denen man das Etikett Gottesdienst aufpappte, keinen Gottesdienst zu feiern vermochte. Inzwischen hat die katholische Kirche aber aufgeholt. Kardinal Rainer Maria Woelki beispielsweise sagte Anfang November 2017 anlässlich der Übergabe eines vom Erzbistum Köln erworbenen Flüchtlingsbootes an das Bonner Haus der Geschichte, dass es, um das Sterben auf dem Mittelmeer zu beenden, für asylsuchende Menschen legale Wege nach Deutschland und Europa brauche. Ein Einwanderungsgesetz sei notwendig, das Menschen auf der Suche nach Arbeit und Zukunft Chancen eröffne. Ist das wirklich ein Weg oder doch nur eine problematische Vermischung von politischer Argumentation mit ethischem Wunschdenken unter religiöser Folklore? Alle Statistiken belegen, dass die wenigsten der schon angekommenen Flüchtlinge gute Chancen auf unserem Arbeitsmarkt haben. Und dann ist da das schlichte Problem der reinen Quantität. Es gibt allein in Afrika Millionen schwere Not leidende Menschen. Selbst wenn die alle bestens ausgebildet wären, könnte Europa sie einfach der Menge wegen nicht aufnehmen. Und werden sie nicht vor allem in Afrika gebraucht? Sollen wir uns in aufwendigen Verfahren die allerbesten aussuchen? Irgendwie ahnt Woelki, dass hier ein Problem ist und schiebt nach, dass dies geschehen solle, ohne damit Abwanderung in großem Ausmaß aus anderen Weltregionen auszulösen, die die dortigen Menschen vor neue Probleme stelle. Ja, wie nun? Wird nicht der übergroße Rest dann weiterhin sein Glück bei verbrecherischen Schleppern suchen und überwiegend in Tod, Prostitution, Sklaverei oder allgemeinem Elend enden? Erzeugen wir nicht mit solcher Rede und Symbolik weiter millionenfach falsche Hoffnungen, weil wir nicht ertragen können zuzugeben, ratlos vor dem Elend der Welt zu stehen? Und machen uns dadurch nicht in einem umfassenden Sinn schuldig, schuldig an denen, denen wir falsche Hoffnungen machen, schuldig an unseren Kindern, deren Zukunft wir gefährden, weil wir das gewohnte, leidlich geordnete Staatswesen destabilisieren? Die Inflation der Moral wirkt wie eine Übersprungshandlung, weil wir Tragik nicht mehr aushalten. Die Dimension des Tragischen wurde unserer hedonistischen Gesellschaft fremd. Doch durch den Verlust der Tragik kommt der Hedonismus selbst aus dem Gleichgewicht und stürzt in den Puritanismus, genauer in ein moralisierendes Muckertum.

Eine Kirche, die aus der Sorge heraus, an Akzeptanz einzubüßen, versucht, wie ein Verein oder eine Partei mit zumeist politischen Forderungen ganz für die Gegenwart zu wirken, säkularisiert sich selbst. Transzendenzvergessen ersetzt sie, ohne es zu bemerken, Glauben durch Gesinnung. Dabei verliert Kirche an Unterscheidbarkeit, an Unverwechselbarkeit und in unvermeidbarer Folge vor allem sich selbst.

All dies geschieht in einem Umfeld, in dem Menschen die Erfüllung ihrer religiösen oder allgemein spirituellen Bedürfnisse immer stärker in säkularen Ersatzreligionen suchen. In einem neuen Obskurantismus, der aus der Depravation der Aufklärung kommt, in denen das Aber zum Glauben den Aberglauben schafft. Häufig wird dieser neue Obskurantismus getrieben vom Irrationalismus der Ökologiebewegung und der »ihr zugrundeliegenden Annahmen von einer guten, aber durch menschliches Fehlverhalten gefährdeten Natur«.[25] Symptomatisch dafür steht die Ersetzung des Wortes *Schöpfung* durch das Wort *Natur*. Die Natur wird nicht als Geschaffenes begriffen, sondern selbst zur Gottheit in einem allgemeinen Hylemorphismus oder einem Neuheidentum stilisiert. Aus dieser neuen Pseudoreligiosität, der naiven Vorstellung, die Natur selbst sei weise, habe alles gut eingerichtet und am besten geregelt, resultieren irrationale Entscheidungen, wie die Ablehnung des Impfens, die beispielsweise zu einem signifikanten Anstieg der wahrlich nicht ungefährlichen Masernerkrankung führt.

Gerade in Ansehung der vielen esoterischen Ersatzreligionen kommt dem christlichen Glauben und daraus entspringend einer christlichen Rationalität wachsende Bedeutung zu, weil der christliche Glauben der von Gott dem Menschen eingegebenen Religiosität Weg und Ziel setzt. Was oft vergessen wird, ist: Die modernen Wissenschaften entstanden im 16./17. Jahrhundert in Europa aus dem Geist des Christentums. Der Schöpfer hat die Schöpfung geordnet. Ihre Ordnung entdecken wir letztlich nur, wenn wir wieder den Schöpfer in den Blick nehmen. »Der Gott, auf den Christen mit dem Zeichen ›Gott‹ verweisen, ist keine bloß ideale Größe, sondern der Schöpfer, und alles, was realwissenschaftlich als Natur, Kultur und Gesellschaft sowie als die Möglichkeitshorizonte dieser Wirklichkeitsdimensionen in den Blick kommt, ist von diesem Schöpfer als seine Schöpfung zu unterscheiden.«[26] Das gelingt jedoch nur, wenn die Kirche selbst am Glauben festhält, selbst an die christlichen Glaubenstatsachen glaubt und das Christentum nicht in eine Art politische Esoterik verwandelt, die Schöpfung verabsolutiert und letztlich mythologisiert. Nähert sich die Kirche zu sehr der Politik an, macht sie den religiösen Raum frei für pagane oder weltliche Ersatzreligionen.

Noch verfügt die Kirche über diesen Raum, aus dem sie sich nicht zurückziehen darf. Sie muss ihn beherzt wieder neu ausfüllen, indem sie sich beispielsweise nicht vom »spätmittelalterlichen Luther« distanziert, sondern Martin Luther neu für sich entdeckt, Augustinus und Paulus ebenfalls. Wir dürfen also nicht weg vom Protestantismus, sondern müssen hin zu ihm, dürfen nicht vom Glauben Abschied nehmen oder ihn verschämt verstecken, sondern müssen ihn wieder und wieder zu erfahren suchen – nicht auf den politischen Marktplätzen und Ethikmessen, sondern in den Kirchen und den einzelnen Gemeinden.

Die Kirche ist keine Insel der Seligen. Im Gegenteil: Die Auseinandersetzungen in der Kirche und um die Kirche spitzen sich zu. Da Kirche immer auch Kirche in ihrer Zeit ist und es zum Wesen der Kirche gehört, die Spannung zwischen menschlicher Begrenztheit und göttlicher Unbegrenztheit produktiv zu machen, muss Kirche immer aufs Neue dem Zeitgeist widerstehen. Bindend für die Kirche ist nicht der Zeitgeist, sondern der Heilige Geist. Die Kirche »gründet auf nichts, was sie denkt, sondern misst ihr Denken an dem, was sie gründet«.[27] Was sie gründet, ist der Glaube, den Jesus Christus gebracht hat. Denn: »Am Anfang war das Wort, und das Wort war bei Gott, und Gott war das Wort.« (Johannes 1,1) »Und das Wort ward Fleisch und wohnte unter uns, und wir sahen seine Herrlichkeit als des eingeborenen Sohnes vom Vater voller Gnade und Wahrheit.« (Johannes 1,14)

Es ist daher erstens danach zu fragen, was den Glauben der Kirche gerade mit Blick auf ihr Wirken in dieser Welt ausmacht, um dann zweitens sich darüber Klarheit zu verschaffen, was diese Welt, mit der es Kirche zu tun hat, charakterisiert. Denn dieselben Menschen, die in der Kirche wirken, handeln zuallererst in der Welt und leben natürlich auch in ihr. Sie teilen die Urteile und Vorurteile ihrer Zeit, ihre ideologischen Grundannahmen. Denn sie sind von einem Bildungs- und Wertesystem geprägt worden, dessen Achsenverschiebung nun offensichtlich wird.

In einer dritten Betrachtung, nachdem Glauben und Welt befragt worden sind, wird es darum gehen, wie Kirche sich in diesem Spannungsverhältnis definiert. Gründet sie weiterhin tief im Glauben oder sucht sie, den Glauben so zu modifizieren, dass er gut und hübsch den ideologischen Vorstellungen der Zeit entspricht? Vielleicht sogar aus den besten Motiven oder aber auch aus der Angst heraus, dass sie an Bedeutung verlieren könnte, wenn sie sich nicht anpasst? Sollte Kirche sich selbst säkularisieren, um der Säkularisierung zu entgehen?

Möglicherweise erblickt der eine oder andere daher die Zukunft der Kirche in einer Art Moralagentur, die den Menschen außer ein wenig Political Correctness nichts mehr zumutet und schon gar kein Bekenntnis abverlangt, weil der Mensch des 21. Jahrhunderts von der Zumutung, einen Standpunkt zu beziehen, verschont zu werden wünscht. Sollte Kirche nicht dem modernen Menschen entgegenkommen, indem sie Schuld und Sünde als überflüssigen Ballast über Bord wirft und Christus aus dem Schaufenster nimmt, um statt seiner Jesus von Nazareth als netten Weisheitslehrer von nebenan zu offerieren?[28]

Doch wer den Menschen nichts zumutet, spricht ihnen auch keinen Mut zu, denn im Zumuten findet der Grammatiker nur das Verb von Mut, und der Sprachhistoriker legt eine Beziehung von Seele, Geist und Sinn frei. Man kann auch vom Mut beseelt sein, wie Zumutungen den Menschen beseelen können. Man mag schwer an den Zumutungen tragen, doch paradoxerweise trägt man noch schwerer am Verlust der Zumutungen. Im Verlust an Zumutungen verlässt uns auch der Mut.

Wenn man das tottraktierte Wort von der Kirche als *ecclesia semper reformanda* ernst nimmt, so bedeutet es nicht einfach, dass Kirche sich ständig zu ändern oder gar zu erneuern habe.[29] Es meint vor allem, dass die Kirche, die in der Welt nicht weniger gefährdet ist als der Mensch, immer wieder zurückfinden muss zum Glauben, zu den Glaubenstatsachen, die immer schon im Widerspruch zur Zeit standen.

Weil der christliche Glauben eine Perspektive hat, die sich nicht im Tod erschöpft, sondern die Auferstehung verheißt, kann er nur im Widerspruch zur Welt stehen, weil er die Endlichkeit der Welt überschreitet. Die Rück-Kehr, die Rück-Bindung an den Glauben bedeutet daher das *semper re-formanda.* Gelingt das der Kirche oder verkürzt sie stattdessen das *re-formanda* auf das *formanda* eines *fomanda in politicis*? Kühl gefragt: Ersetzt sie die Rückbindung an den Glauben durch die Anbindung an die Politik? Von der Beantwortung dieser Frage hängt die Formulierung einer Perspektive für diese unsere *herrliche* Kirche im letzten Teil der Streitschrift ab.

MORAL STATT MISSION?

Umkehr tut not. Obwohl die Bedeutung des Christentums anerkannt wird, leeren sich die Gotteshäuser, wo sie sich doch eigentlich füllen müssten. Der Mitgliederschwund der evangelischen Kirchen vollzieht sich still, aber deutlich. Nicht einmal die vielen weithin gelungenen Events der Lutherdekade konnten diese Entwicklung stoppen oder wenigstens verlangsamen. Die Kirchen der EKD verlieren jedes Jahr durch Tod und Austritt über eine Viertelmillion Mitglieder. Die Kirchenaustritte haben nicht nur etwas mit der säkularen Gesellschaft oder der Postmoderne zu tun, sondern auch mit der Resignation und der Entfremdung von Christen durch aktuelle Kirchenpolitik. Nicht nur, dass selbst Eltern, die noch der Kirche angehören, ihre Kinder nicht taufen lassen, gelingt es der Kirche kaum, neue Mitglieder zu gewinnen.

Spätestens hier wird es Zeit, darüber nachzudenken, weshalb die Kirchen nicht vermögen, die Kirchenaustritte zu minimieren, geschweige denn erfolgreich zu missionieren. Wenn sie denn missionieren wollten. Warum kann Kirche die 56 Prozent der Bevölkerung, die meinen, dass das Christentum in der Öffentlichkeit stärker sichtbar werden müsse, und die 63 Prozent die eine starke christliche Prägung unseres Landes empfinden, nicht zur Mitarbeit in der Kirche und für ein Leben als praktizierende Christen gewinnen?

Obwohl es einleuchtend klingt, ist bei weiterem Nachdenken dem Religionssoziologen Detlev Pollack vielleicht doch nicht ganz zuzustimmen, wenn er sagt: »Das größte Problem der Kirche heute besteht darin, dass Glaube und Kirche den Menschen nicht so wichtig sind. Sie haben andere Prioritäten, sich mit Freunden treffen, sich bilden, beruflich vorankommen, die vielfältigen Freizeitangebote vom Restaurantbesuch bis zum Fernsehen genießen, die Familie.« Es könnte auch daran liegen, dass die vielen politischen Botschaften, Ermahnungen und Drohungen, die von Kirchenfunktionären ausgehen, die Verkündigung des Glaubens überdecken. Denn all die genannten Prioritäten stehen nicht im Widerspruch zum Glauben und auch nicht dazu, der Kirche anzugehören. Sicher wirkt hierbei auch das Wegfallen des sozialen Drucks, Mitglied der Kirche zu sein, mit, doch beginge Kirche einen fatalen Fehler, wenn sie sich hinter diesem Grund verstecken würde. In Ostdeutschland existiert dieser Druck bereits ein Menschenalter, in Westdeutschland inzwischen wohl dreißig bis vierzig Jahre schon nicht mehr. Denn der Wegfall des sozialen Drucks, demzufolge es zur bürgerlichen Ehrbarkeit gehörte, sonntags zum Gottesdienst zu gehen, korrespondiert mit anderen Faktoren, die eine weitaus größere Aufmerksamkeit verdienen, als diese inzwischen historische Tatsache, mit der man sich nun wirklich nicht mehr entschuldigen kann. Es kommt der Selbstaufgabe von Kirche gleich, wenn man die heutigen Mitgliedszahlen aus diesem Grund beschönigend als »ehrliche Zahlen« hinzustellen sucht.

Das Nachlassen der Bindekräfte der Gesellschaft, die Atomisierung des Individuums in der Postmoderne fordert geradezu eine Gegenbewegung, die vom Glauben auszugehen vermag. Wie immer wieder in der europäischen Geschichte geschehen, wird auch in unseren Tagen der christliche Glauben als Integrator einer auseinander-fallenden Gesellschaft benötigt – und kommt dabei seiner ureigensten Aufgabe nach. Zweitausend Jahre lang hat das Christentum die Geschichte unseres Kontinents geprägt. Wenn Europa das Christentum vergisst, vergisst es sich selbst. Aber Christentum bedeutet vor allem, zuallererst und zuallerletzt: Glauben. Hier liegt vor der Kirche eine immense Aufgabe, die sich mit den Worten Mission und Evangelisation beschreiben lässt.

Der Platz ist doch bereitet, es liegt an der Kirche, ihn beherzt zu betreten. Denn es scheint doch so zu sein, dass der Glaube nicht einfach an Bedeutung verliert, aber er immer weniger mit der Institution Kirche verbunden wird. Eine Ursache dafür liegt offensichtlich darin, dass es der Kirche immer weniger gelingt, christlichen Glauben zu vermitteln, ihn in die Öffentlichkeit zu stellen. Damit ist nicht gesagt, dass die Kirche im öffentlichen Raum nicht präsent sei. Doch ist sie nicht mit dem präsent, mit dem sie präsent sein sollte, nämlich mit dem, was Glauben ausmacht: mit dem Evangelium Christi, mit dem größten Schatz der Kirche, wie Martin Luther einst schrieb. An die Stelle der verpönten Mission trat weithin die Politisierung der Kirche. Politisieren statt Missionieren? Moralisches Bekenntnis statt Credo?

Was an dieser Entwicklung ist der Zeit geschuldet und was von der Kirche verschuldet? Sich darüber Klarheit zu verschaffen, gewinnt insofern an existenzieller Bedeutung, weil Kirche eine gesellschaftliche Aufgabe größten Ausmaßes zuwächst. Das mag zunächst erstaunen, wo doch landauf, landab über den Bedeutungsverlust der Kirche geredet, geklagt oder gejubelt wird, je nach Position des Urteilenden. Wirft man hingegen einen kritischen Blick auf die gesellschaftliche Entwicklung, zeichnet sich bereits ab, wo und wozu Kirche in Zukunft gebraucht werden wird. Der Glaube wird die letzte und dadurch die erste Gewissheit sein, wenn alle Gewissheiten schwinden. Darin liegt Zukunft, aber auch Verpflichtung.

Ob aber die Kirche, wenn sie in die Pflicht genommen wird, diese Aufgabe zu meistern vermag, hängt entscheidend davon ab, wie sich Kirche in der Gesellschaft definiert und inwieweit sie im Glauben ihre Priorität erkennt. Ob sie in sich selbst die verjüngenden Quellen des Evangeliums entdeckt, das eben nicht flächig auf die Veränderung der Welt, sondern auf die Veränderung des einzelnen Menschen zielt. Diese Veränderung findet auf Erden keinen Abschluss, weil sie als fortwährender Prozess über die irdische Existenz hinweg in die Ewigkeit, zum Vater hin, in die Insistenz des Gottesreiches führt. Kirche wird der künftigen Herausforderung nicht gerecht, wenn sie versucht, sich der Zeit anzugleichen und dabei ihr Eigentliches, die Verkündigung der Heilszusage Gottes vor den skeptischen Augen der Welt verschämt verbirgt. Stattdessen hat sie den Glauben an Jesus Christus in die Welt zu tragen, den Glauben an diejenige Person, »in der Gott und Mensch ein für alle Mal zusammengekommen sind, damit Gott unseren Tod und wir sein Leben teilen können. Das ist das Geheimnis des Glaubens und als solches das Innerste der Kirche«, sagte in einer großen Rede der Theologe Eberhard Jüngel 1999.[30] Dieses Innerste kann in der Welt als Einladung zum Glauben wirken und damit helfen, das Land zu heilen und wieder zusammenführen. Dazu gehört auch, die Liebe zu den Nächsten mit der Liebe zu den Fernsten auszutarieren. Und es gehört dazu, dass die Kirche sich für verfolgte Christen einsetzen muss, in den Herkunftsländern, aber auch in den mehrheitlich von Muslimen bewohnten Flüchtlingsheimen. In seiner jüngsten Studie listete das BKA für das Jahr 2017 bundesweit »fast 100 gezielte Angriffe auf Christen« auf. »Darunter waren ein Mord, neun Körperverletzungen und ein Fall von Brandstiftung.« »In rund einem Viertel der Fälle wurden demnach Kirchen und christliche Symbole angegriffen. In mindestens 14 Fällen seien ›christenfeindliche Straftaten‹ zwischen Asylbewerbern und Flüchtlingen begangen worden. Ein Mordfall habe sich im April 2017 in Prien am Chiemsee ereignet und werde momentan vor Gericht verhandelt.« Dabei handelte es sich um eine Frau, die zum Christentum konvertiert war. Die Zahlen stellen nur die Spitze des Eisberges dar. Vieles kommt erst gar nicht an die Öffentlichkeit, weil die Mitarbeiter der privaten Sicherheitsdienste zum größten Teil Muslime sind. Der Verfassungsschutz warnt sogar vor einer islamistischen Unterwanderung unserer staatlichen Systeme.[31]

Die Zukunft des Christentums wird nicht politisch sein, sondern im Glauben wurzeln. Die Kirche entstand nicht aus dem Geist der Politik, sondern aus dem Glauben. So oft sich auch in der Christentumsgeschichte Staat und Kirche verwoben, so oft fand Kirche immer wieder zum Glauben zurück und konnte sich aus dem Glauben heraus erneuern. Ohne diese immer wieder vorgenommene Rückbindung an den Glauben gäbe es Kirche heute nicht mehr, wäre sie längst untergegangen wie andere historische Institutionen, die von Menschen geschaffen worden sind und nur noch die Seiten der Geschichtsbücher füllen. Die konstante Lebendigkeit der Kirche in der Geschichte bis auf den heutigen Tag beruht auf der Tatsache, dass sie keine vollkommen weltliche, also vergängliche Institution ist, sondern auf Gott ausgerichtet ist und von ihm als dem Ewigen her lebt.

Ihre Unvergänglichkeit verdankt sie der Transzendenz, dem Glauben daran, dass der Weg zum Vater von Christus eröffnet wurde, und natürlich, dass es einen Gott gibt, dessen Existenz von Christen nur als trinitarisch beschrieben und geglaubt werden kann. Opfert jedoch die Kirche die Transzendenz zugunsten der Immanenz, die sie begründenden Glaubenstatsachen zugunsten der Politik oder der Moral, dem rein Weltlichen also, wird sie selbst zur historischen Tatsache und verschwindet wie alle historischen Erscheinungen.

Nicht die Zukunft des Christentums ist politisch, sondern das Christentum fände sein Ende, wenn es politisch würde, es wäre dann nichts weiter als eine Partei, die eine etwas seltsame Organisationsform aufwiese. Interessanterweise setzen die Überlegungen zu Veränderungen in der Kirche gerade hier an, beim »etwas seltsamen Brauchtum«, das nicht mehr ganz in die Zeit zu passen scheint. Es nähme sich in der Tat für eine politische Organisation etwas irritierend aus, wenn denn die Kirche eine politische Einrichtung wäre. Wäre sie dies übrigens, müsste sie sehr schnell und sehr grundlegend verändert werden, indem sie abzuwerfen hätte, was aus politischer, nicht aus religiöser Perspektive geschichtlicher Ballast ist. Insofern weist die Vorstellung von der Kirche als politische Institution und die Überlegung zu ihrem Umbau eine inhärente Logik auf. Das heißt, wer die Kirche politisieren wollte, müsste sie auch praktisch umbauen und sich von vielem, was heute noch Kirche ist, verabschieden.

In einer grenzenlosen Welt globalisierter Eliten, die keine Staaten mehr kennte, sondern nur noch das Last-

Minute-Ticket, Uber und Airbnb, bedürfte es keiner lokalen Gemeinden mehr, die manchem Kirchenfunktionär heute schon als veraltet und rückständig vorkommen, sondern nur noch verschiedener Happenings. Aber ist das realistisch? Sind nicht auch die Vielflieger irgendwo fest verortet? Kann Kirche von Gemeinden auf Zeit leben, die zufällig zusammenkommen, wie man sich zufällig im Flur einer von Airbnb vermittelten Wohnung trifft? Ich glaube nicht an eine Kirche als Facebook-Gruppe und Glaubende als bloß digitale Follower mit wechselnden Überzeugungen.

Nicht einmal politisch lässt sich die Zukunft des Christentums im Politischen sehen, weil politische Akteure langfristig immer von der Zukunft überholt werden: Immer, wenn die Kirche der politischen Versuchung erlag, geriet sie auf Abwege und erstarrte. Kreuzzugsbewegung, Inquisition, Streben nach Macht und Reichtum, die Vergottung Adolf Hitlers durch die Deutschen Christen waren politischen Ambitionen geschuldet, entstanden aus dem Irrtum heraus, dass Politik wichtiger wäre als der Glaube. Ein politisches Christentum könnte überhaupt nicht anders, als in der Sprache der Politik zu sprechen, nach den Spielregeln der Politik zu verfahren und den Ambitionen der Politik zu folgen. Ein politisches Christentum könnte die Christen nur noch politisch einordnen und verstehen. Es würde das Evangelium zur Begründung politischer Zwecke missbrauchen. Dafür, wie sich Kirche parteipolitisch verkämpft und Menschen verprellt, weil für sie bereits rechtspopulistisch ist, was rechts einer rot-grünen Überzeugung steht, sollen Pars pro Toto drei Beispiele genannt werden.

Im Jahr 2012 schuf die EKD eine »Arbeitsstelle für Demokratiekultur und Kirche«[32], die inzwischen als Bereich Demokratiekultur der Evangelischen Akademie Berlin-Brandenburg inkorporiert wurde. Es geht bei dieser Arbeitsstelle nicht um den Glauben, sondern eindeutig um politische Überzeugungen. Die Arbeitsstelle soll von Berlin aus »die kirchlichen und gesellschaftlichen Akteure stärken, die sich für Demokratiekultur und gegen extremistische und Menschen verachtende Strömungen und Gruppierungen engagieren«. Das klingt erst einmal gut, auch wenn grundsätzlich die Frage zu stellen ist, ob die Einrichtung dieser Arbeitsstelle überhaupt im kirchlichen Auftrag steht, denn im Grunde betreibt sie wie die eigens dafür geschaffenen Zentralstellen für politische Bildung oder die parteinahen Stiftungen eben politische Bildung. Eine Kirche als zweite Heinrich-Böll-Stiftung schafft sich à la longue selbst ab. Es kommt hinzu, dass die EKBO mit dieser Arbeitsstelle nachweisbar parteipolitisch agiert, weil in der Benennung der »extremistischen und Menschen verachtenden Strömungen und Gruppierungen« sich zeigt, dass sie auf dem linken Auge blind ist, denn für sie geht es dabei einzig und allein um »Rechtsextremismus, Rechtspopulismus und Rassismus in der Gesellschaft«. Gewaltbereiter Linksextremismus, ideologischer Linkspopulismus, islamistischer Antisemitismus sind offensichtlich keine »extremistischen und Menschen verachtenden Strömungen und Gruppierungen«. Nach dieser Definition dürfte die Arbeitsstelle auch »gesellschaftliche Akteure« wie die Antifa und andere linksextreme Organisationen unterstützen, denn die »engagieren« sich gegen alles, was sie für rechtspopulistisch und rechtsextremistisch halten. Wäre es nicht besser, diese Gelder für die Arbeit in den Gemeinden bereitzustellen, dafür, dass alte und kranke Gemeindeglieder besser seelsorgerisch betreut und alleinerziehende Mütter stärker unterstützt werden können? Niemand braucht einen Angestellten der »Arbeitsstelle«, dessen Beiträge im besten Fall strittig sind, aber mit einem Pädagogen für Organisationen wie die *Arche e.V.* wäre beispielsweise Kindern geholfen, die Orientierung und Fürsorge bedürfen, weil sie diese im Elternhaus zu wenig erfahren.

Um es klar zu sagen: Wir brauchen weniger Sonderpfarrer auf solchen eher ideologisch ausgerichteten Stellen, sondern mehr Pfarrer im Gemeindedienst, mehr Diakone, weniger Apparat und mehr Basisarbeit, weniger Politik und mehr Nächstenliebe. Unter solcher Erdung ließen sich dann vom Nächsten her auch der Fernste in den Blick nehmen – exakt so weit, wie es personelle und materielle Ressourcen zulassen.

In der Praxis aber verstummt leider vor dem großen Wort in der Flüchtlingsfrage das kleine Wort im Bereich sozialer Brennpunkte. So behauptet der »Arbeitsbereich Demokratiekultur«: »Nächstenliebe wird zur Liebe der direkten Nächsten, wie Familie und Nation, und so zur Ausgrenzung der Fernen benutzt.« Beim Lesen stellt sich die Frage, was denn unter dem indirekten Nächsten zu verstehen wäre, denn die Direktheit gehört eindeutig zum Begriff des Nächsten. Die Sprachverwirrung geht weiter, wenn der Veranstalter behauptet, dass die Liebe zum »direkten Nächsten … zur Ausgrenzung der Fernen« benutzt würde. Der Ferne lässt sich nicht ausgrenzen, weil er fern ist, wäre er nicht fern und würde ausgegrenzt, wäre er ein Nächster. Der Verfasser meint eigentlich den »Fremden« oder den Migranten, der in der Tat ausgegrenzt werden kann, wurde aber von dem Willen der Gegenüberstellung der Worte verführt. Das Pendant zum Nächsten ist nicht der Ferne, sondern der Fernste, den man übrigens noch weniger als den Fernen auszugrenzen vermag. Ganz so einfach mit dem *Nächsten* ist es auch in der Bibel nicht, denn das lateinische Wort *proximo* in der Vulgata steht für den unmittelbar Nahen und gibt damit das hebräische Pendant des Alten und das griechische des Neuen Testaments durchaus treffend wieder. Man sollte jedoch nicht den Nächsten gegen den Fernsten ausspielen, zumal natürlich jederzeit ein Fernster zum Nächsten werden kann. Insofern ist es vielleicht wichtiger zu bedenken, dass es sich bei der Nächstenliebe um eine Individualpflicht handelt, die in der Entscheidung jedes einzelnen Christen steht. Er muss in Ansehung seiner Kräfte und Möglichkeiten dort helfen, wo er helfen kann. In der Zitation des hilfsbereiten Samariters (Lukas 10,33) wird oft unterschlagen, dass der Samariter *einem* Bedürftigen nach Kräften half. Wie hätte sich der Samariter verhalten, wenn er auf eine Gruppe von zwanzig Verletzten gestoßen wäre? Er hätte eine Auswahl treffen müssen. Es geht also weder um den Nächsten noch um den Fernsten, sondern um die wichtige Frage, wem wir wie viel Hilfe zu leisten vermögen. Wer diese Frage verdrängt oder sanktioniert, der spaltet selbst in *Nächste* und *Fernste*, der überfordert die Möglichkeiten der Gesellschaft und ideologisiert das Evangelium.

Der Sozialdemokrat Julian Nida-Rümelin warnt davor, dass eine »unregulierte Migration«, wie wir sie erleben, den Sozialstaat zerstört, aber globale Armut nicht bekämpft.

Die Überforderung des Staates in der Migrationsfrage, wie sie von der Kirche in Kauf genommen wird, kann schnell dazu führen, die Fähigkeit zur Hilfe zu mindern. Wenn Kirche Slogans verkündet wie »Menschrechte haben keine Obergrenze« und damit eigentlich nur meint, dass jedem Menschen, der deutschen Boden betritt und das Wort Asyl sagt, ohne sich ausweisen zu können, Zutritt zu den deutschen Sozialleistungen gewährt wird, wird sie auf Dauer die praktische Fähigkeit zur Nächstenliebe zerstören und eine Bedrohung des sozialen Friedens in Kauf nehmen. Sie wird das umso mehr, weil gern ausgeblendet wird, dass die Masseneinwanderung zum großen Teil der Zuzug von Muslimen ist, von denen viele aufgrund der Scharia überhaupt nicht einsehen, warum sie sich an die deutsche Gesellschaft anpassen sollen, wo doch der Koran über allem, auch über dem Grundgesetz steht. Auf diese Herausforderung antwortet die Kirchenleitung bisher entweder mit Appeasement oder mit Verschweigen, Beschönigen und der Herabwürdigung derjenigen, die auf das wachsende Problem aufmerksam machen.

Immer dann, wenn Sprache die Wirklichkeit nicht mehr abzubilden wünscht, schwiemelt sie, wird sie unecht, hohl. Dass nach der Bundestagswahl am 24. September 2017 in der »Arbeitsstelle für Demokratiekultur und Kirche« eine Fachtagung zum Thema »Hass« fällig war, versteht sich von selbst. »Für die Kirchen und ihre Einrichtungen stellt diese gesellschaftliche Situation eine große Herausforderung dar: Die Ziele der Neuen Rechten stehen in direktem Widerspruch zu kirchlichem und zivilgesellschaftlichem Engagement für geflüchtete Menschen und für eine offene Gesellschaft.« »Geflüchtete Menschen« und »offene Gesellschaft« werden floskelhaft verbunden. Da Poppers berühmtes Werk nicht die Massenmigration behandelt, kann unter offener Gesellschaft nur ein Haus ohne Türen, ein Staat ohne Grenzen gemeint sein. Kein Wort vom signifikanten Ansteigen der Kriminalität, kein Wort von Terroranschlägen. Eine Fachtagung zu linkem Hass, zu linksextremistischen Ausschreitungen in Hamburg sucht man vergeblich. Die Eingabe des Begriffes Linksextremismus auf der Homepage der Arbeitsstelle ergibt nur folgende Aussage: »Leider keine Antwort«.

Ginge es wirklich um Demokratiekultur, müsste die Arbeitsstelle sich gleichermaßen gegen Links- wie Rechtsextremismus wenden. Sie hätte Extremismus in toto in den Blick zu nehmen. Erinnert man sich an den Kontrollverlust des Staates zum G-20-Gipfel im Sommer 2017, als Linksextremisten Straßen in Hamburg in ihrer Gewalt hielten, nach Lust und Laune Geschäfte plünderten und Autos anzündeten, Molotowcocktails warfen und Bürger in Angst und Schrecken versetzten, müsste der Auftrag, wenn er überhaupt erteilt werden sollte, das ganze Spektrum des Extremismus in den Blick nehmen.

Um es auf den Nenner zu bringen: In der Geschichte existierten nicht nur Hitler, sondern auch Stalin, Mao, Pol Pot und viele andere mehr. Opfer des stalinistischen Terrorsystems sind keine Opfer zweiter Klasse, wiewohl jedwede Opferklassifikation aus christlicher Sicht abzulehnen ist. Aber die Verharmlosung von Linksextremismus ist nicht zu akzeptieren. Linksextremisten sind nicht einfach Linke, die leider etwas über das Ziel hinausschießen, aber gegen die Rechten gute Dienste leisten. Auch muss sie um des christlichen Willens endlich eine realistische Perspektive zum Wachstum des Islams und all seiner Begleiterscheinungen in Deutschland einnehmen. Hier darf Kirche nicht wegschauen, sonst spaltet sie und treibt Christen, oftmals nach langen inneren Kämpfen, aus den Kirchen. So schrieb Professor Wulf Bennert, Träger des Bundesverdienstkreuzes, an seinen Pfarrer, an seinen Superintendenten und an seine Landesbischöfin: »Am 17.11.2016 habe ich nach 60 Jahren Zugehörigkeit zur Evangelischen Kirche meinen Austritt erklärt. Diesem Schritt ist ein schmerzhaftes Ringen vorausgegangen, stellte die Kirche doch einen wesentlichen Inhalt meines Lebens dar. In dem repressiv-atheistischen System der DDR war ich einige Zeit Vorsitzender des Gemeindekirchenrates in Hopfgarten und stellvertretender Synodaler der Thüringischen Landeskirche. Im Rahmen meiner beruflichen Tätigkeit konnte ich in den letzten drei Jahrzehnten für den baulichen Erhalt von mehreren hundert Kirchengebäuden in ganz Deutschland sorgen.« Zur Begründung verwies er auf den Bericht über die am 9. November 2016 zu Ende gegangene EKD-Synode in Magdeburg, der für ihn den letzten Ausschlag gab: »Vor dem Hintergrund des wachsenden politischen Einflusses von Rechtspopulisten hat die EKD in den vergangenen Jahren *mehrfach die Lage in Kirchengemeinden untersuchen lassen*. In Magdeburg wurde die qualitative Studie »Kirchenmitgliedschaft und politische Kultur« präsentiert. Zwar seien in Kirchengemeinden *feindliche Einstellungen* wie Antisemitismus, Homophobie und *Islamophobie* festgestellt worden, heißt es darin. Es gebe aber auch »starke Faktoren« von Widerstandsfähigkeit. Da die Ergebnisse keine allgemeingültigen Aussagen zulassen, hat die Synode den Rat um regelmäßige quantitative Forschungen gebeten.«

Der verwandte Begriff »feindliche Einstellungen«[33] gehörte übrigens zum Basisvokabular des Ministeriums für Staatssicherheit und der Parteiideologen in den sozialistischen Staaten. Informelle Mitarbeiter spitzelten mit dem explizit so formulierten Auftrag, »feindliche Einstellungen« aufzuspüren. Deshalb schrieb Wulf Bennert: »Es ist für mich nicht hinnehmbar, dass Kirchensteuern dazu verwendet wurden – und in Zukunft noch umfangreicher verwendet werden sollen –, um die politischen Einstellungen der Gemeindemitglieder systematisch zu untersuchen. Ich fühle mich dabei in fataler Weise an die Gesinnungsschnüffelei des DDR-Regimes erinnert. Und ich selbst finde mich nach obigen Ausführungen auf der Seite einer ›feindlichen Einstellung‹ wieder. Denn nach intensiver Beschäftigung mit dem Islam hege ich so erhebliche Befürchtungen gegenüber den weltweiten Auswirkungen des politischen Islam, dass diese wohl mit dem altgriechischen Begriff φόβος bezeichnet werden können – die von der EKD beauftragten ›Forscher‹ würden bei mir also die ›feindliche Einstellung der Islamophobie‹ diagnostizieren. Ich möchte jedoch keiner Glaubensgemeinschaft angehören, die mich als ihren Feind betrachtet.«[34]

Der letzte Satz bringt das ganze Problem auf den Punkt. Wulf Bennert erhielt von seiner Kirchenleitung nur ein lapidares Antwortschreiben, dass man seinen Austritt bedauere. Verdiente der Bruder in Christo nicht, dass man, dass eine Landesbischöfin oder ein Superintendent sich mit ihm auseinandersetzt? Oder will man eine Kirche, die nur aus Mitgliedern der Grünen oder der SPD besteht? Dann sähe es für die Mitgliederzahlen in Zukunft noch schlechter aus. Und es würde in der Konsequenz bedeuten, dass man dem Credo künftig eine politische Ergebenheitsadresse anheftet, in der jeder Christ mit Unterschrift versichert, dass er keinerlei »feindliche Einstellungen« teilt und jedes auch politische Wort der Kirchenleitung in Demut annimmt.

Folgerichtig wirbt der Kulturbeauftragte der EKD, Jacob Hinrich Claussen, in *zeitzeichen* 4/2017 unter der Überschrift »Wut ohne Hass. Wie man Nationalisten und Populisten begegnet« für eine Art politischen Exorzismus: »Wir brauchen einen politischen und theologischen Begriff von ›Feindschaft‹.« Feindschaft beginnt übrigens mit »feindlichen Einstellungen«. Mit »wir« ist die Kirche gemeint. Als Feinde gelten Claussen alle *Nationalisten* und *Populisten*. Allerdings definiert er nicht, was er unter Nationalismus und Populismus versteht. Es bleibt bei Etiketten. In diesem Zusammenhang hilft es nicht weiter, wenn postuliert wird: »Die offene Gesellschaft hat Feinde«, auch nicht, wenn man unterstellt, dass der Feind, den er politisch und theologisch definieren will, der Feind der offenen Gesellschaft ist. Denn erstens verrät Claussen nicht, was er unter *offener Gesellschaft* versteht, ob er auf Poppers Hauptwerk rekurriert oder eine eigene oder eine andere Definition zugrunde legt. Man erfährt nicht, von welcher Gesellschaft Claussen spricht. Denn Poppers Begriff der *offenen Gesellschaft* muss man nicht teilen. Im Gegenteil, es wurde und es wird an ihm philosophisch Kritik geübt, was zum Selbstverständnis der Philosophie gehört, deren Gegenstand weder Gott noch der Glaube als Offenbarung ist, sondern die Welt und die Menschen.

Claussen bleibt dem Leser die Erklärung schuldig, was er eigentlich unter offener Gesellschaft versteht. Das ist schade, weil bei ihm die offene Gesellschaft zum Ausgangspunkt einer Begriffs-, vielleicht sogar Theoriebildung wird, für eine Theologie der Feindschaft gar. Denn was sollte ein »theologischer Begriff von Feindschaft« anderes sein als eine Theologie der Feindschaft? Aber selbst wenn der Kulturbeauftragte eine Definition der offenen Gesellschaft geliefert hätte, stellte sich die Frage, wieso und wozu es eines theologischen Feindbegriffs bedarf.

Politische Feindschaft ist kein theologischer Begriff, zumindest benötigt die christliche Theologie nicht den Begriff der politischen Feindschaft, weil sie dann politische Auseinandersetzungen theologisieren würde. Vor jedweder Theologisierung der Politik ist dringend in Ansehung der Geschichte zu warnen. Politische Theologie führt zur Entrationalisierung von politischen Entscheidungsprozessen und »erwischt«, wenn man so will, die offene Gesellschaft, wenn man darunter die durch das Grundgesetz definierte Demokratie versteht, hinterrücks. Die Pointe lautet: Indem Claussen einen theologischen Begriff des Feindes schaffen will, um die offene Gesellschaft zu verteidigen, hilft er, sie zu zerstören. Die Auseinandersetzung mit dem politischen Gegner, und um den handelt es sich, ist eine vollkommen normale politische Tätigkeit, die sich auf der Grundlage der rationalen Normative des politischen Diskurses bewegen muss – ohne einen wie auch immer gearteten Begriff von Feindschaft.

In ihrem Buch »Zur Ethik der politischen Gegnerschaft« warnt die Philosophin Marie-Luisa Frick explizit davor, Andersdenkenden die Vernunft und letztlich die Existenzberechtigung abzusprechen. Demokratie bedeutet nicht Einfalt, sondern Vielfalt. Demokratisches Miteinander heißt, die Vielfalt von Wünschen, Forderungen, Einsichten und Perspektiven in die Diskussion so einzubringen, dass in der Auseinandersetzung, in der politischen Willensbildung die Entscheidungen für das Gemeinwesen getroffen werden können. Deshalb, so Frick, gehört es zum Wesen der Demokratie, die Vielfalt an Interessen und Weltanschauungen auszuhalten. Sie votiert dagegen, dass politische Konflikte dadurch eingeebnet werden, dass Stigmatisierung angedroht wird oder erfolgt. Sie verdeutlicht, dass Worte wie Fake News und »postfaktisch« erkenntnistheoretisch ohne Sinn sind. Sie zeigt, wie falsch es ist, politische Kategorien durch moralische zu ersetzen und politische Gegnerschaft als Feindschaft zu definieren.[35]

Wohin das Denken in den Kategorien von Feind und Freund führen kann, hat der ehemalige Direktor für Kommunikation und Medien der Erzdiözese Köln, Ansgar Mayer, gezeigt, als er zum Ergebnis der Bundestagswahl vom 24. September 2017 twitterte: »Tschechien, wie wär's: Wir nehmen Euren Atommüll, Ihr nehmt Sachsen?« Gegen den Feind scheint jedes Mittel recht zu sein. Auch hier zeigt sich, wie verfehlt es ist, den Begriff »Feind« theologisieren zu wollen, zumal dieser Begriff in der Theologie der Väter und des Mittelalters bereits vorkommt, und zwar als *antiquus hostis*, als alter Feind. Der Begriff steht letztlich für den Teufel. Augustinus benutzte ihn, Gregor der Große auch, doch eindeutig mit dem Teufel identifizierte ihn erst der frühmittelalterliche Theologe Haymo von Auxerre in seinem Werk »Expositio in Apocalypsin«. Danach wurde es gang und gäbe, mit dem alten Feind den Teufel zu meinen. Doch haben die alten Theologen den Teufel metaphysisch verstanden und nicht politisch. Wer den politischen Gegner zum Feind erklärt, setzt eine vollständige Abschottung ins Werk, er behindert die freie politische Auseinandersetzung, die das Wesen der Demokratie ausmacht. Denn Demokratie lebt vom Wettbewerb der Ideen und Lösungsvorschläge.

Im Raum des Politischen endet die Theologie, jeder Versuch, ihn zu besetzen, fällt hinter Martin Luthers Zwei-Regimenten-Lehre zurück und schränkt die staatsbürgerlichen Rechte des Christen ein, weil er zur Bevormundung führt. Kein Christ ist verpflichtet, einem moralischen Universalismus zu folgen, weil es sich hier um keine Glaubenstatsachen handelt. Er hat als Bürger sehr wohl das Recht, die Flüchtlingspolitik der Regierung Merkel zu kritisieren, es ist ihm gestattet, auf Dauer offene Grenzen für existenzgefährdend zu halten, und er darf durchaus die Ansicht vertreten, dass der Islam nicht zu Deutschland gehört. Er darf jede Partei, die zur Wahl steht, wählen, er darf die Geldpolitik der Brüsseler EU kritisch sehen und ihren Plan, die *Vereinigten Staaten von Europa* zu schaffen, ablehnen, um stattdessen für andere Wege und Formen der europäischen Zusammenarbeit zu streiten. Ein Christ hat als Bürger sogar das Recht, für den Nationalstaat einzutreten. Die Kirche hat jede politische Einstellung ihrer Mitglieder, die sich auf dem Boden der Demokratie bewegt, zu akzeptieren und zu respektieren. Jeder Christ hat als Bürger das Recht, sich politisch zu engagieren, aber eben als Bürger. Die Kirche darf nicht hinter den Garantien des Grundgesetzes zurückfallen. Für Ämter in der Kirche befähigen allein das christliche Engagement und das Vertrauen der Gemeinde. Parteimitgliedschaften dürfen weder die Annahme eines Amtes in der Kirche vorantreiben noch verhindern. Wer über Feindschaft räsoniert, wünscht sich diktatorische Verhältnisse. Gerade, wenn sie moralisch begründet werden und einer Utopie des guten Wollens entspringen, werden sie in der Praxis, wie die

Geschichte lehrt, leicht zu einer Dystopie des Tugend-
terrors.

Claussens Versuch einer Theologie der Feindschaft
läuft gleich zweimal in die Irre, theologisch wie politisch,
denn nach Frick ist es auch politisch falsch, den Gegner
als Feind zu definieren. Statt rationaler Analyse steigert
sich der Kulturbeauftragte der EKD in einen wahren Pa-
roxysmus der Feindschaft und illustriert damit nur Fricks
Warnung, wenn er schreibt: »Der Feind aber ist mehr und
etwas anderes als ein Gegner: Er hasst uns und unsere politische Kultur, teilt unsere Grundvorstellungen nicht, will
ein anderes System ... Deshalb muss man mit ihm anders
streiten als mit dem Gegner: Er darf keinen noch so kleinen Anteil an der Macht erhalten, sein Sieg ist unter allen
Umständen zu verhindern, Kompromisse sind mit ihm
nicht erlaubt. Es darf kein Appeasement geben.«[36] Gefan-
gene werden nicht gemacht, Pardon wird nicht gegeben.
Den Feind macht nach Claussen aus, dass er gegensätzli-
che Positionen vertritt, unklar bleibt, wer dann ein Gegner ist.

Der Kulturbeauftragte behauptet zwar, den Feind ohne
Hass bekämpfen zu wollen, doch Rhetorik und Diktion
seines Textes dementieren diese Absichtsbekundung. Vor
allem widerspricht der Begriff des Feindes selbst im Un-
terschied zum Begriff des Gegners der Behauptung. Das
Wort Feind stellt sprachhistorisch ein erstarrtes Partizip
Präsens zum germanischen Verb *fij-œ- (hassen) dar. Der
Feind ist also der Verhasste, der Gehasste. Wodurch sollte
sich auch das Wort Feind vom Wort Gegner unterscheiden, wenn nicht durch den Hass?

Wenn man mit dieser Inbrunst über die Theologisierung des Feindes spricht, sollte man zuvörderst einen

Blick in die Kirchengeschichte werfen. Das Projekt des Kulturbeauftragten widerspricht der Freiheit eines Christenmenschen, in dem es den Zwang im Glauben etablieren will, einen Zwang noch dazu, der sich aus einer parteipolitischen Vorstellung herleitet. Diesen Versuchen, Zwang im Glauben auszuüben, hatte bereits Martin Luther mit der Emphase der Freiheit entgegnet: »Das wollen wir so klar machen, dass man's mit Händen greifen solle, auf dass unsere Junker, die Fürsten und Bischöfe sehen, was sie für Narren sind, wenn sie die Menschen mit ihren Gesetzen und Geboten zwingen wollen, so oder so zu glauben.«[37] »Denn wie streng sie gebieten und wie sehr sie loben, so können sie die Leute nicht weiter nötigen, als dass sie ihnen mit dem Mund und mit der Hand folgen; das Herz können sie ja nicht zwingen, und wenn sie sich zerreißen sollten.«[38] Die Wahrheit ist ohnehin bei Gott und wird allein deshalb siegen. Andere Meinungen zu kriminalisieren oder mit Repressionen zu begegnen, bedeutet für Martin Luther Gotteslästerung, eine Blasphemie übrigens, die auf ihre Hervorbringer zurückfallen wird, denn: »sie treiben damit die schwachen Gewissen mit Gewalt dazu, zu lügen, zu verleugnen und anders zu reden, als sie es im Herzen meinen, und beladen sich selbst so mit gräulichen fremden Sünden. Denn alle die Lügen und falschen Bekenntnisse, die solch schwache Gewissen tun, fallen zurück auf den, der sie erzwinget.«[39]

Es ist auch diese Moralverbiesterung, diese politische Rechthaberei, diese Herabminderung anderer, die Christen aus ihrer Kirche treiben. Der Brief Wulf Bennerts steht hier *pars pro toto* für viele andere. Würde man die Gründe derer, die in den letzten Jahren der evangelischen Kirche den Rücken kehrten, in einem Buch publizieren, so würde dieses ein grimmiges, ein trauriges Buch sein, es würde sehr viel über den Zustand der Kirche aussagen. Bereits 1959 schrieb Joseph Ratzinger als junger Kaplan der Heiligen-Geist-Kirche in München: »Dieses dem Namen nach christliche Europa ist seit rund vierhundert Jahren zur Geburtsstätte eines neuen Heidentums geworden, das im Herzen der Kirche selbst unaufhaltsam wächst und sie von innen her auszulöschen droht. Das Erscheinungsbild der Kirche der Neuzeit ist wesentlich davon bestimmt, dass sie auf eine ganz neue Weise Kirche der Heiden geworden ist und noch immer mehr wird: nicht mehr wie einst Kirche aus den Heiden, die zu Christen geworden sind, sondern von Kirche von Heiden, die sich noch Christen nennen, aber in Wahrheit zu Heiden wurden.«[40]

An diesen Beispielen wird die parteipolitische Schieflage manchen politischen Engagements in der Kirche deutlich. Der Übergang vom Politischen zum Parteipolitischen geschieht gleitend. Unter dem hehren Deckmantel des politischen Engagements werden – sicher in bester Absicht – parteipolitische Präferenzen in die Kirche hineingetragen und parteipolitische Überzeugungen zum Grundwert des Christentums erklärt. Symptomatisch für diese Entwicklung ist es, wenn Predigten mit Parteireden verwechselt werden können. So twitterte am 25. Dezember 2017 der WELT-Kommentator Ulf Poschardt nach dem Besuch des Gottesdienstes: »Wer soll eigentlich noch freiwillig in eine Christmette gehen, wenn er am Ende der Predigt denkt, er hat einen Abend bei den Jusos bzw. der Grünen Jugend verbracht?« Dieser Tweet rief sofort die Sprecherin der Grünen Jugend, Ricarda Lang, auf den Plan, die sich empörte: »Ich finde es ziemlich bezeichnend, dass es ihm anscheinend extrem widerstrebt, wenn in der Kirche ein menschliches und solidarisches Miteinander vertreten wird.« Wissen konnte sie allerdings nicht, was in dieser Predigt konkret gesagt wurde, da sie nicht in dieser und übrigens in keiner Kirche war, denn: »Ich war gestern nicht in der Kirche. Ich bin selbst nicht gläubig und deshalb gehe ich schon seit mehreren Jahren nicht mehr in die Kirche.«[41] Lang unterstellte Poschardt sogar, »allen, die erzkonservativ sind«, zu raten, »nicht in die Kirche zu gehen«. Für die Sprecherin der Grünen Jugend ist die Kirche nur interessant, wenn sie in den Predigten grüne Ansichten vertritt, sie akzeptiert die Kirche lediglich wie Lenin früher die progressiven bürgerlichen Intellektuellen als »nützliche Idioten«, denn: »Ich würde tatsächlich sagen, dass die Kirche sich in den letzten Jahren gerade bei der Migrationspolitik und bei der Frage nach sozialer Gerechtigkeit sehr progressiv aufgestellt hat. Wir als Grüne Jugend treten für einen säkularen Staat ein und haben auch immer wieder Kritik an den Kirchen, gerade was gesellschaftspolitische Fragen angeht. Trotzdem freuen wir uns, wenn die Kirchen sich *für eine menschenrechtsbasierte Geflüchtetenpolitik* oder eine gerechte Sozialpolitik einsetzen. Gerade in Zeiten des gesellschaftlichen Rechtsrucks ist das positiv.«[42] Heißt das nicht im Klartext: Kirche ist zwar Mist, aber wenn sie unsere Ziele vertritt, dann darf sie sich auch mal äußern, dann tolerieren wir als Grüne Jugend diesen reaktionären Verein?

Im politischen Engagement läuft die Kirche Gefahr, ihre Unabhängigkeit, ihre Einzigartigkeit und ihre Autorität zu verlieren, wenn sie sich zum »nützlichen Idioten« von Parteien macht. Ganz gleich welcher. Der Glaube an Christus läuft Gefahr, durch Dogmatisierung oder Theologisierung der eigenen politischen Überzeugungen ersetzt zu werden. Was im Politischen, und mehr noch im Parteipolitischen, auf der Strecke bleibt, ist der Glaube im christlichen Sinn. Wenn also die Zukunft des Christentums politisch würde, dann bräche eine Zukunft ohne Christus und ohne christlichen Glauben an, denn in ihrem Mittelpunkt stünde nicht Christus, sondern der Politiker im Talar, politische und nicht göttliche Autorität. Doch »kein mündiger Mensch ist von Natur einem anderen so sehr geistig unterlegen oder überlegen, dass einer dem anderen als einer schlechthin geltenden Autorität gegenüberstände ... Eine wesentliche Bedingung ist: dass es jemanden gibt, der unvergleichlich höher über dem mündigen Menschen steht als dieser über den unmündigen, und dass dieser Jemand auf eine dem Menschen vernehmliche Weise gesprochen hat.«[43] Dieser Jemand, die Letzt- und die Erstbegründung, darf nicht im schwarzen Loch der Selbstsäkularisierung, die nur ein älterer Ausdruck für Hypermoralisierung ist, verschwinden.

Nicht Theologisierung des Feindes, nicht Wächteramt, nicht Prophetie, sondern der Glaube bildet den Grund der Kirche. »Glaube ist gewisser als jede denkbare menschliche Einsicht – nicht sofern er Glaube ist, sondern sofern er sich mit Fug auf ein Reden Gottes beruft.«[44] Die Kirche besitzt im Glauben einen einzigartigen Schatz, der größer nicht gedacht werden kann und in dessen Inneren sich das Versprechen des Lebens befindet. Oder in den Worten des Apostels Paulus: »Tod, wo ist dein Sieg? Tod, wo ist dein Stachel?« (1. Korinther 15,55)

BRAUCHT ES GLAUBEN?

Alles beginnt für den Menschen mit dem Glauben. Ohne Glauben vermag niemand zu leben, denn es bedarf klarer Gewissheiten, bevor zielorientiertes Handeln möglich ist. Gewissheiten können nur geglaubt, nicht gewusst werden. Wer nicht glaubt, dass unter ihm fester Boden ist, sondern befürchtet, dass sich unter einer dünnen Schicht ein tödlicher Abgrund verbirgt, wird keinen Schritt tun. Das hat nichts mit den in Mode gekommenen »Ängsten« zu tun, sondern nur mit dem Fehlen von Glauben. Doch grundlos Glauben kann man nicht. Im Übrigen genügt für die Zurückhaltung bereits ein Loch, in dem man sich, stürzt man hinein, Blessuren holt. Es bedarf nicht einmal des Pathos des Abgrundes. Es ist viel einfacher und damit wesentlich wirkungsvoller.

Hatte Friedrich Engels in einer Schrift über den *Anteil der Arbeit an der Menschwerdung des Affen* geschrieben und darin die Arbeit als Grund für die Menschwerdung postuliert, verweist diese Betrachtung unbeabsichtigt darauf, dass die Arbeit nur Anteil hat an der Menschwerdung, nicht aber Ursache oder Grund für sie ist. Die Grammatiker treffen im tieferen Sinn den neuralgischen Punkt, wenn sie als erste intellektuelle oder kognitive Leistung die Unterscheidung, das Feststellen von Differenzen, von Unterschieden definieren.[45]

Bleibt also nur der Glaube – zunächst in der allereinfachsten Form als Fürwahrhalten. Denn bevor Arbeit begonnen wird, bedarf es des einfachen Glaubens, den man auch Zuversicht nennt, dass sie nützt und zu einem Ergebnis führt. Wie ich an anderer Stelle schon ausführte, könnte man formulieren: Der Glaube hat den Menschen erschaffen.[46] Bereits hieraus ergibt sich eine wichtige Aufgabe der Kirche, Ort des Glaubens zu sein, denn der Glauben bedeutet nicht nur das neue Leben, er bedeutet schlechthin Menschlichkeit, denn durch ihn wurde der Mensch und wird er sein. Und so verwundert es nicht, dass der Glaube zugleich der Ort der Freiheit ist, denn der Mensch ist aus Freiheit, und er ist nirgends so sehr Mensch als dort, wo er sich in Freiheit an seinen Schöpfer wendet. Er erfährt diese Freiheit, die man auch Glaube nennen kann, in der Kommunikation mit Gott. Der Glaube ist schon deshalb der Ort der Freiheit, weil niemand zum Glauben gezwungen werden kann, zu Lippenbekenntnissen schon, zum äußerlichen Vollzug, nicht aber tief in seiner Seele, nicht aber tief im Herzen.

Über die Freiheit und die Gewissheit, die der Glaube bringt, schrieb Martin Luther: »Aber Gott behütet mich dennoch vor ihren Gedanken und steckt ihrem Vornehmen ein Ziel, dass sie es nicht tun sollen, was sie im Sinn haben. Stoßen können sie, fällen können sie mich nicht; martern können sie, ausrotten können sie (mich) nicht; ins Gefängnis bringen können sie, zwingen können sie (mich) nicht; hindern können sie, wehren können sie (mir) nicht; Zähne blecken können sie, fressen können sie (mich) nicht; morden, brennen, henken und ertränken können sie, dämpfen können sie (mich) nicht; verjagen, rauben, nehmen können sie, zum Schweigen bringen können sie (mich) nicht. Und in summa: Etwas sollen sie tun, aber ihr Ziel sollen sie nicht erreichen. Denn da hat es ein Ende, der hilft mir.«[47] Im Gottvertrauen, in dem Bewusstsein, dass er hilft und das von der Welt zu unterscheidende Reich Gottes existiert, besteht der Grund des Gewissens, das im Glauben gefangen ist. Es existiert eine Instanz, die mehr als der Mensch ist und die der Mensch im Glauben wahrnimmt, weil Gott ihm im Glauben nahekommt.

Wie grundsätzlich das Bekenntnis zu Christus, mithin der christliche Glauben, gerade mit Blick auf die Kirche ist, hat der Theologe und Religionsphilosoph Ingolf U. Dalferth eindrücklich beschrieben: »Darin entspricht es dem christlichen Paradigma dieses Wechsels im Bekenntnis zu Jesus Christus, das diesen als den zur Sprache bringt, in dem sich das Ende des alten und der Anfang des neuen Lebens ereignet hat: Die Welt ging zu Ende und eine neue Welt hat begonnen, und (fast) niemand hat es gemerkt. Gäbe es die Kirche nicht, würde man sich nicht daran erinnern. Aber dass es die Kirche gibt, ist kein Verdienst der Kirche. Und dass es sie noch immer gibt, auch nicht.«[48] In diesen Sätzen ist alles gesagt: erstens, dass mit dem Glauben, den Jesus Christus gestiftet hat, eine neue Welt beginnt, zweitens, dass dieser Glauben die Kirche erschuf, die ihrerseits sichtbares Zeichen für diesen Glauben, vielleicht sogar für die Existenzform des Glaubens schlechthin darstellt, was nicht ihr Verdienst, sondern ihre Seinsweise ist.

Wird im Weiteren von Kirche gesprochen, meint das zuallererst die evangelischen Kirchen, die sich in der EKD zusammengeschlossen haben, doch gelten die grundsätzlichen Aussagen *mutatis mutandis* auch für die katholische Kirche, die, sieht man von einigen Spezifika ab, mit den gleichen Dilemmata kämpft.

Wenn der Kirche der Glauben ausginge, dann hörte sie auf, Kirche zu sein, denn je mehr an Glauben aufgegeben wird, desto mehr Unglaube oder Aberglaube entsteht. Kirche vollzöge dann teils sogar ungewollt und in bester Absicht den »radikalen Orientierungswechsel«[49] vom Glauben zum Unglauben. Kirche könnte zwar dann noch ein Weilchen als Moralbürokratie vor sich hin dümpelnd als ein mit Staatsgeldern am Leben gehaltener Kostgänger existieren, aber sie wäre dann keine Kirche mehr und würde an innerer Austrocknung sterben, bei ihrem Tod bereits vollständig mumifiziert. Möglicherweise haben wir alle Friedrich Nietzsche missverstanden, er sich vielleicht sogar selbst, als er vom Tod Gottes sprach und in Wirklichkeit die Kirche gemeint hat.

Ein auf der ersten Ebene waltendes Fürwahrhalten bliebe natürlich bestehen, es ermöglichte Handeln, aber nicht Christentum. Diesem Handeln würde jener Sinn fehlen, den nur der Bezug auf Transzendenz stiftet. Das Fehlen von Transzendenz würde zur innerweltlichen Überforderung führen. Bevor jedoch dieser innerweltlichen Überforderung weiter nachgegangen und von der Ebene des Menschen ausgegangen wird, sollte kurz über den äußeren Rahmen gehandelt werden. Es ist nicht unwichtig, zu skizzieren, wie grundlegend der Transzendenzbezug für die physische Welt ist, wie im Umkehrschluss sein Fehlen auf das Gesetz oder die Gesetzgebung, aber auch auf die Bürger- und Menschenrechte letztendlich eine delegitimierende Wirkung ausübt. Mit dem Transzendenzbezug verlören sowohl das Recht als auch der Mensch ihre letzte Begründung.

Bereits Platon definierte in seinem großen Werk *Nomoi*, dass Gott das Maß aller Dinge sei und nicht der Mensch.[50]

Zwar sind Recht und Gerechtigkeit nicht dasselbe, aber die Gerechtigkeit schafft das Recht als diesseitige, gesellschaftliche Seinsweise der Gerechtigkeit. Und so ist Augustinus zuzustimmen, wenn er in der *De civitate Dei* (Vom Gottesstaat, 4. Buch, 4. Kapitel) schreibt: »Was sind überhaupt Reiche, wenn die Gerechtigkeit fehlt, anderes als große Räuberbanden? Sind doch auch Räuberbanden nichts anderes als kleine Reiche. Sie sind eine Schar von Menschen, werden geleitet durch das Regiment eines Anführers, zusammengehalten durch Gesellschaftsvertrag und teilen ihre Beute nach Maßgabe ihrer Übereinkunft. Wenn eine solche schlimme Gesellschaft durch den Beitritt verworfener Menschen so ins große wächst, dass sie Gebiete besetzt, Niederlassungen gründet, Staaten erobert und Völker unterwirft, so kann sie mit Fug und Recht den Namen ›Reich‹ annehmen, den ihr nunmehr die Öffentlichkeit beilegt, nicht als wäre die Habgier erloschen, sondern weil Straflosigkeit dafür eingetreten ist.«

Alles, was ihnen fehlt, ist Gerechtigkeit, die nur von Gott kommen und nur im Glauben an ihn erfahren werden kann, denn Gottes Gericht ist das Gericht schlechthin, die irdischen Gerichtshöfe ein Abglanz, ein kontingenter Reflex davon. Es wäre faszinierend, dem Begriff Gerechtigkeit, der zwei verschiedenen Welten angehört, geradezu die Verbindung zwischen den beiden Welten herstellt, analysierend zu folgen.

Der Mensch wünscht sich Gerechtigkeit auf Erden und möchte vor Gott gerechtfertigt werden. Um auf Erden ein Maß für die Gerechtigkeit zu schaffen, formuliert der Mensch Rechtsgrundsätze, die Willkür einschränken und vor der jedermann schließlich gleich sein soll. Recht gesprochen wird übrigens immer »im Namen von ...«.

»Alle prägnanten Begriffe der Staatslehre sind säkularisierte theologische Begriffe«, schreibt Carl Schmitt. »Nicht nur ihrer historischen Entwicklung nach, weil sie aus der Theologie auf die Staatslehre übertragen wurden, indem zum Beispiel der allmächtige Gott zum omnipotenten Gesetzgeber wurde, sondern auch in ihrer systematischen Struktur, deren Erkenntnis notwendig ist für eine soziologische Betrachtung dieser Begriffe.«[51] Moses nahm die Gesetzestafeln von Gott in Empfang, doch bezeugt schon eine der frühesten Gesetzsammlungen diesen Zusammenhang.[52] Der babylonische König Hammurapi, der vor gut 3800 Jahren lebte, empfing, wie man auf der Gesetzesstele am oberen Ende sehen kann, stehend die Gesetze von dem sitzenden König Schamasch, der als Sonnengott zugleich für die Gerechtigkeit und das Wahrsagen zuständig war. Die Erzählsituation von Platons *Die Gesetze* (*Nomoi*) entspringt der Wanderung eines namenlosen Atheners, des Kreters Kleinias und des Spartaners Megillos, die sich auf einer Wanderung zur Zeusgrotte auf dem Berg Ida befinden. Das Ziel der Wanderung besteht in dem Ort, in dem der Kreter Minos von Zeus die Gesetzestexte erhielt.

Wo man auch historisch hinschaut: Die Autorität Gottes beglaubigt das Gesetz, denn es bedurfte und bedarf einer dem Menschen übergeordneten Instanz, damit sich alle Menschen unter das Gesetz beugen. Gerechtigkeit entsteht also nur dadurch, dass Gottes Wort empfangen und diesem Wort, also dem Gesetz geglaubt wird. Dass ihm geglaubt werden kann, dafür steht Gott, denn es ist seine Ordnung. Man kann es auch anders formulieren: Damit sich alle Menschen unterstellen, die doch sehr ungleichen Menschen vor dem Gesetz gleich sind, bedarf es einer

Autorität, die größer ist als jeder Mensch. Wohin es führt, wenn sich Menschen über das Gesetz erheben, kann man in der Geschichte beobachten, und dass es schließlich nicht gutgeht, auch.

Gerecht wird man nach Paulus und Martin Luther nur aus dem Glauben allein. Für die Rechtfertigung vor Gott, aber auch für die Gerechtigkeit auf Erden, die ihre mühsame Existenz dem Recht verdankt, das seine Legitimation letztlich aus Gott herleitet, ist das Entscheidende der Glauben.

Der Glauben daran, dass der Mensch zum Ebenbilde Gottes geschaffen wurde und dass *alle* Menschen von Adam und Eva stammen, lässt zudem alle rassistischen, diskriminierenden und knechtenden, versklavenden Gesetze und Ideologien zu Schanden werden, weil er ihnen den Boden entzieht. Es ist seine Schöpfung, nicht unsere, aber er hat uns diese Schöpfung überantwortet und uns mithin Verantwortung übertragen. Um dieser Verantwortung gerecht zu werden, sie überhaupt tragen zu können, bedarf es des Glaubens, dessen Schwäche oder Abwesenheit zur innerweltlichen Überforderung führt.

Die Resultate dieser Überforderung, die aus der Schwächung des Glaubens hervorgehen, kann man bereits besichtigen. Sie zeigen sich in der Schaffung von Surrogaten, von Schein-Transzendenz wie der Esoterik, der Hypermoral, ideologischen Heilslehren oder Utopien, der wieder in Mode kommenden Naturreligionen oder des sich religiös auslebenden Ökologismus bzw. in der Betäubung durch Selbstoptimierung, Hyperaktivismus oder Konsumismus. Zudem ermöglichen die sozialen Medien die Programmierung des Menschen und die Spieleindustrie ein vollkommenes Eintauchen in eine andere Welt, ja eine andere

Existenz. Die Spieleindustrie hat Schillers Gedanken, dass der Mensch nirgendwo so sehr Mensch ist als dort, wo er spielt, in das Gegenteil verkehrt: Der Mensch ist nirgendwo so wenig Mensch als dort, wo er computerspielt.

Das Wort *virtuell* beschreibt diese andere Welt, in die der Mensch im Computerspiel taucht, nicht hinreichend. Denn die technische, man möchte fast sagen existenzielle Perfektion dieser Welt schafft im Grunde eine neue Realität. Die Spieleproduzenten unterbreiten den Usern das Angebot von Existenzen, die weit über die Lebensrealität des Users hinausgehen, ihn ins Über-Menschliche heben. Sie ermöglichen ihm, so zu sein, wie es der fremde Traum, der sich mit seinen Wünschen verbindet, vorgibt. Außer Geld natürlich möchten die Spieleproduzenten dafür Zeit, Lebenszeit, Zeit eines echten Lebens für ein unechtes Scheinleben. In dieser Welt ist für Gott nur noch Platz als Applikation, als App. Im gewissen Sinne betrügen sie den Menschen damit, dass sie ihm im Spiel das Gefühl vermitteln, wie Gott oder überhaupt Gott zu sein.

Eine andere neue Realität erschaffen die sozialen Medien, die, wie übrigens auch die Spieleproduzenten, Lebenszeit und darüber hinaus Daten von den Usern requirieren. Denn für die Social-Media-Firmen sind die Biographien der Menschen das, was für die Industrien die Rohstoffe sind, aus denen sie ihre Produkte herstellen. Nichts ist umsonst. Dabei suchen sie mit dem Instinkt des Programmierers die Schwächen der menschlichen Psyche, um sie auszunutzen. Der Erfinder der Musik-Tauschbörse Napster und frühere Präsident von Facebook gab zur Wirkung der sozialen Medien zu Protokoll: »Es ändert buchstäblich euren Umgang mit der Gesellschaft und untereinander.« Am Anfang aller sozialen Netzwerke habe die Frage gestanden, wie man möglichst viel Zeit der Nutzer beanspruchen könnte und dabei ihre höchstmögliche Aufmerksamkeit bekomme. Um dieses Ziel zu erreichen, verpasse Facebook seinen Mitgliedern ab und an einen Dopamin-Kick, nämlich wenn ein anderer Nutzer auf die Posts reagiert. Das wiederum motiviere die Nutzer, ihrerseits mehr Inhalte und Reaktionen zu produzieren. Dieser Mechanismus sei ein Kreislauf, eine Schleife der sozialen Bestätigung. Das sei genau die Art von Dingen, die sich ein Hacker wie er selbst ausdenken würde, »da es eine Schwäche in der menschlichen Psyche ausnutzt«.[53]

Die Schwäche der menschlichen Psyche besteht genau in dem, was zugleich ihre Stärke ausmacht, in der Ewigkeitssehnsucht des Menschen. Sie findet sich im Gefühl oder in der Ahnung oder gar in dem Wissen des Uneingelösten, im Überschuss, der uns unabhängig davon, ob er uns bewusst wird oder nicht, beunruhigt. Diese Unruhe schlägt entweder zur metaphysischen Not oder zur metaphysischen Hoffnung aus. Der Hacker vermag nur in die Psyche des Menschen einzudringen, weil sie diese Offenheit hat: Er nutzt die Disposition zur Suche nach dem, was man Ewigkeit oder Transzendenz oder *das Reich Gottes* nennen könnte, weil sie zu den Konstanten der Menschheitsgeschichte gehört.

Könnte denn der Mensch zu Gott gelangen, wenn Gott nicht den Wunsch in ihm angelegt hätte, über sich hinauszugehen, die Welt zu überschreiten? Hat Gott den Menschen nicht mit einer Art Transzendenz-Sehnsucht begnadet? Ganz offenbar. Doch leider führt diese Sehnsucht oft in eine Gott entgegengesetzte Richtung. Selbstvergottung ist dann das Ziel. Der Mensch möchte nicht mehr nur Mensch sein, sondern lässt sich verlocken, Gottes Position einzunehmen. Die Sündenfallgeschichte beschreibt das unnachahmlich. Ihr werdet sein wie Gott, verheißt die Schlange. Da greift der Mensch zu. Und damit lebt er immer schon unter der Sünde, die darin besteht, sich anzumaßen, wie Gott zu sein. Zu dieser Sünde gehört, dass der selbstvergottende Mensch nicht mehr die Schöpfung bereichern, sondern sich an der Schöpfung bereichern will, dass er Schöpfung nicht mehr treuhänderisch pflegt, sondern zerstört. Sie führt dazu, dass der Mensch mit Gottes Schöpfung so umgeht, als wäre es die eigene, als gehöre dem Menschen die Schöpfung, mit der er je nach Belieben umspringen kann und es auch macht. Er würde zum eingebildeten Schöpfer aller Dinge, zum Zauberlehrling, zum bösen Demiurgen, wie ihn die gnostischen Texte kennen. Im Computerspiel wird der Mensch zu Gott. Wird Gott zur Leerstelle im Menschen, wird sie von anderen »Göttern« besetzt. Des Menschen Stärke verwandelt sich durch Gottes Abwesenheit in seine Schwäche.

Der Mensch benötigt Gott allein schon deshalb, um nicht dem Kult der eigenen Fähigkeiten zu verfallen, um nicht Dinge zu tun, auch wenn sie schädlich sind, nur weil er in der Lage ist, sie zu tun. Dass es in diesen Tagen in China gelungen ist, Affen zu klonen, zeigt, wie real das Entstehen von Frankensteins Welt ist. Der Mensch bedarf des Korrektivs, der Setzung und der Begrenzung, der Verantwortung, wenn es ihm nicht ergehen soll wie dem Zauberlehrling in Goethes gleichnamiger Ballade. Er sollte sich besser nicht darauf verlassen, dass der »alte Zauberer« rechtzeitig zurückkehrt und alles wieder in Ordnung bringt.

Die Suche nach Transzendenz oder nach Ersatz für die Transzendenz ist eine anthropologische Konstante. Im

Christentum ereignet sich der wesentliche Schritt, dass Gott in die Welt tritt und damit den Menschen den Weg zu ihm eröffnet. Es geht jetzt nicht nur darum, was er uns ermöglicht, in ihm zu sehen, sondern bereits darum, dass er uns einen Weg aufzeigt, zu ihm zu kommen. Dadurch erfüllt er die Welt mit Sinn, verleiht dem Leben eine Perspektive und ermöglicht den Glauben an seine Heilszusage, da sie nicht nur verkündet, sondern auch konkret gelebt werden kann. In der Liturgie vergegenwärtigt die Kirche diese vorgelebte Heilszusage, erinnert sie nicht nur – das wäre bei weitem zu wenig –, sondern macht sie immer von neuem miterlebbar. Man sollte die liturgischen Elemente nicht zu leichtfertig und nicht formal handhaben, sondern in der Liturgie eine Kommunikation sehen. In dieser Kommunikation, in diesem Erfahren der Anwesenheit Gottes bildet die Liturgie die Grammatik des Sprechens mit Gott. In ihrem Vollzug ist Christus anwesend, unter uns, mit uns. Für all das ist die Kirche Ort und Gemeinschaft. Jesus Christus fand nach Matthäus für die Kirche das schöne Wort: »Denn wo zwei oder drei versammelt sind in meinem Namen, da bin ich mitten unter ihnen.« (Matthäus 18,22)

Beginnt das Leben mit dem Glauben, setzt christlicher Glauben mit Christi Wort ein: »Mein Reich ist nicht von dieser Welt.« (Johannes 18,36) In diesem einen Satz findet sich Gottes Gnade, denn er verspricht dem Menschen eine andere Perspektive als nur das Leben zum Tode hin. Ginge es nur um das Leben zum Tode hin, benötigte man kein Christentum, allerdings würde aus dem Leben zum Tode die Krankheit zum Tode, die unheilbar und nur betäubbar wäre. Dann würden wir nur geboren werden, um zu sterben, und der Tod hielte mit dem ersten Säuglingsschrei Einzug. Dagegen sagt Christus: »Ich bin die Auferstehung und das Leben.« Das Leben ist nicht zum Tode hin, sondern zum Leben. Dem ersten Säuglingsschrei öffnet sich die Welt. In der Taufe wird dem Menschen verheißen: »Wer an mich glaubt, der wird leben, ob er gleich stürbe; und wer da lebt und glaubt an mich, der wird nimmer mehr sterben.« (Johannes 11,25).

Martin Luther stellt den Zusammenhang zwischen Glauben und Taufe so her: »So auch die Taufe. Sie rechtfertigt keinen und nützt auch keinem, wohl aber der Glaube an das Wort der Verheißung, welchem die Taufe hinzugefügt ist. Der nämlich macht gerecht und erfüllt, was die Taufe bedeutet. Denn Glauben heißt: der alte Mensch taucht unter und der neue Mensch taucht auf.«[54] In der Taufe erfolgt die Heilszusage, sie anzunehmen lernen, macht den Glauben aus. Deshalb heißt es auch im 2. Brief an die Korinther 5,17: »Ist jemand in Christus, so ist er eine neue Kreatur; das Alte ist vergangen, siehe, Neues ist geworden.« Darum hat Kirche diese Heilszusage, diese Verkündigung in den Mittelpunkt ihres Wirkens zu stellen.

Diese Perspektive ist grundlegend, sie ist die Perspektive des Lebens. Sie kann nur von Gott kommen, denn sie ist dem Menschen so tief eingegeben, dass selbst diejenigen, die den Glauben nicht haben, etwas benötigen, das an die Stelle des Glaubens tritt.

Hierfür existiert der praktische Beweis, dass große und vor allem perfekte Industrien sich inzwischen mit dem Akt der Betäubung, die auch als Rausch der Selbstoptimierung funktioniert, beschäftigen. An die Stelle der Transzendenz tritt der fortwährende Versuch, jeden Augenblick zum Testat erreichter Perfektion zu machen. Die Intensität der Immanenz soll Sehnsucht nach der Transzendenz vergessen machen, wenigstens aber beschwichtigen. Welcher Stress! Für Gott ist es nicht notwendig, dass ein Leben gelingt, es genügt, dass der Mensch den Glauben annimmt und mit ihm eine neue Perspektive, dass der alte Mensch unter- und der neue auftaucht. Die neue Perspektive wird sein Leben ändern, unangestrengt, ohne Streberei, unspektakulär, aber nachhaltig und anhaltend.

Gelingendes Leben ist keine lutherische Wortbildung, denn ein *gelingendes Leben* ist erstens ein Leben mit einer vollkommen diesseitigen Perspektive. Zweitens wäre ein gelingendes ein wertvolles, ein nicht gelingendes Leben ein wertloses oder unwertes Leben. All jene, die so gern und oft im Ton des evangelischen Biedermeiers vom *Gelingen* reden, wenn sie auf das Leben schauen, stellen sich letztlich in eine Tradition, die zwischen gelingendem und nicht gelingendem, zwischen wertem und unwertem Leben unterscheidet. Wer hat das Recht zu definieren, wann ein Leben gelungen oder nicht gelungen, wann es wert oder unwert ist? Das Wort vom gelingenden Leben zementiert eine vollkommen innerweltliche Perspektive, die ihren Abschluss mit dem Leben findet. Was gelungen ist, ist zum Abschluss gekommen.

Man kann feststellen, ob jemand sich an die Gesetze hält oder Gesetze bricht, ob er einem sympathisch ist oder nicht, ob man mit seinen Entscheidungen, seinen Vorstellungen und Ansichten übereinstimmt oder nicht – alles andere liegt bei Gott. »Richtet nicht, damit ihr nicht gerichtet werdet. Denn wie ihr richtet, werdet ihr gerichtet werden; und mit welchem Maß ihr messt, wird euch zugemessen werden. Was siehst du aber den Splitter in deines Bruders Auge und nimmst nicht wahr den Balken in deinem Auge? Oder wie kannst du sagen zu deinem Bruder: Halt, ich will dir den Splitter aus deinem Auge ziehen! – und siehe, ein Balken ist in deinem Auge.« (Matthäus 7,1–4)

Statt der Krankheit zum Tode erhält der Christ die Perspektive auf das ewige Leben, die in einem göttlichen Akt die metaphysische Verzweiflung den mehr oder weniger verdrängten, anästhetisierten Schmerz über die Endlichkeit auflöst. Christus verheißt denen, die an ihn glauben, dass mit der Geburt nicht das Sterben, sondern das Leben beginnt, und zwar das Leben in *seinem* Reich, das nicht von dieser Welt ist. Erst durch diese Hoffnungsperspektive kommen Frieden, Erfüllung und Sinn in das Reich der Welt, trotz aller Enttäuschungen, Schmerzen, Drangsale und Niederlagen. »Der radikale Orientierungswechsel vom Unglauben zum Glauben führt nicht zu einem neuen Leben in einer anderen Welt, sondern zu einer neuen Sicht des Lebens in dieser Welt.«[55]

Dieser Orientierungswechsel macht das Wort vom »gelingenden Leben« obsolet. Als wäre das Leben eine Schulprüfung oder eine Bastelarbeit, die gelingen kann oder nicht. Welche kleinliche, mechanistische Vorstellung, welch naiver Quantifikationsversuch des nicht Quantifizierbaren steckt dahinter. Die Perspektive hingegen, die Christus eröffnet, geht über alle Vernunft, weil sie sich nicht mit menschlichem Maß ermessen, aber doch entdecken lässt – niemals vollständig, doch immer mehr. Diese Perspektive bezieht sich auf die Zentralkategorie oder das Urwort menschlicher Existenz schlechthin. Die menschliche Tätigkeit, die zugleich Sein und Werden umfasst und ohne die nichts ist, heißt: *leben*. Wenn man soweit als möglich zu den Ursprüngen des Verbs *leben* zurückgeht, wird deutlich, dass in diesem Wort Christi Verheißung »Mein Reich ist nicht von dieser Welt« codiert wurde.

Die älteste Schicht des Wortes *leben*, die von den Wortbedeutungsforschern aufgedeckt wurde, lautet *bleiben*, *fortbestehen*. *Fortbestehen* als *nicht vergehen* bedeutet in seinem tiefsten Grund das Verb *leben*, während das Wort *sterben* auf *erstarren, starr werden* zurückzuführen ist. Doch wenn *leben* auf *bestehen bleiben*, auf *dauern*, auf *nicht beendbar* oder *ununterbrechbar* angelegt ist, dann kann *sterben* nicht das Gegenteil von *leben* sein. Dann hat *leben* kein Gegenteil, dann kann es nur abgebrochen werden. Dann *erstarrt* das Leben lediglich, *bleibt stehen, dauert nicht* mehr. Es kann nicht enden, sondern nur erstarren, und vielleicht ist *Hölle* auch nur ein anderer Ausdruck für *starr werden, erstarren*. Denn selbst die Hölle kennt nach Dante ein Immer-kälter-Werden, ein immer größeres Erstarren. Denn im Neunten Kreis des Infernos, in dem der Wanderer der drei Welten auf Lucifer trifft, wankt er schaudernd in einer brutal-bizarren Wüste aus karstender Kälte über Eis, in dem Menschen, Erwachsene und sogar Kinder eingestarrt worden sind:

> »Nun gingen wir zum Orte, wo das Eis
> auf raue Art ein andres Volk umschließt.«[56]

Bereits in dem anscheinend unscheinbaren Verb *leben* steckt also bereits die Zusage Gottes auf die Ewigkeit, auf den Fortbestand im Reich Gottes, auf den Wechsel von der Existenz in die Insistenz, vom Heraustreten aus der Ewigkeit in die Zeitlichkeit und vom Eintreten aus der Zeitlichkeit wieder in die Ewigkeit.

Das hat Auswirkungen auf alles, auch auf die Ethik: »Der Ursprung der christlichen Ethik ist nicht die Wirklichkeit des eigenen Ich, nicht die Wirklichkeit der Welt, aber auch nicht die Wirklichkeit der Normen und Werte, sondern die Wirklichkeit Gottes in seiner Offenbarung in Jesus Christus.«[57] Christliche Ethik setzt nicht beim Menschen ein, sondern bei Gott.

Christi Satz ist Zusage, und er gewinnt an Deutlichkeit aus der Situation heraus, in der er gesprochen wurde. Sie macht unübersehbar, wie fundamental Christi Zusage gemeint ist, wie ohne den Glauben, der nur Glaube an diese Perspektive sein kann, wie durch den Verlust des Paradieses die Erde zur Hölle wird. Es hat sich doch oft genug gezeigt: Nimmt man den Menschen den Glauben, dann erheben sie ihresgleichen zu Göttern. Dalferth schreibt: »Menschen wollen wie Gott sein und scheitern schon an ihrem Menschsein. Gott beendet das, indem er selbst Mensch wird. Wer an Christus glaubt, setzt ganz auf Gott und ist nicht mehr willens, auf schlechte Weise zu wollen.«[58]

Setzen wir also bei Gott an. Pilatus fragt Jesus im Prätorium, ob er der »König der Juden« sei. Während die Selbstbezeichnung als König der Juden, als Gesalbter des Herrn, für die Juden Frevel und Gotteslästerung bedeutet, bedeutet sie für Pilatus Aufruhr. Wer sich dem Römer gegenüber als König der Juden benennt, wird zum Aufrührer gegen Rom. Wer sich den Juden gegenüber als König, als Gesalbter des Herrn, als Messias betitelt, lästert Gott. Denn derjenige konnte in ihren Augen nicht der neue David sein, nicht der Messias, der am Ende aller Tage kommt, weil alle Tage noch nicht vorüber sind. Beides allerdings, der Aufruhr und die Blasphemie, stellen den Tatbestand des *crimen laesae maiestatis*, des Majestätsverbrechens, dar: In dem einen wird der Kaiser, in dem anderen JHWH, der der wahre König Israels ist, beleidigt.

Wenn Jesus zurückfragt: »Sagst du das von dir aus, oder haben dir's andere über mich gesagt?«, möchte er zuerst einmal erfahren, wessen er beschuldigt wird, des Aufruhrs oder der Blasphemie. Zunächst stellt die Rückfrage also nicht auf eine philosophische, sondern auf eine juristische Ebene ab. Pilatus entzieht sich der Diskussion, zumal es ihm herzlich egal ist. Bin ich ein Jude, fragt er schmallippig zurück, als wollte er sagen, was interessieren mich eure Streitereien. Einzig womit Jesus die Juden gegen sich aufgebracht hat, möchte der Prokurator erfahren, auch um herauszufinden, welche Handlungsoptionen er besitzt.

An diesem Punkt jedoch wechselt Jesus die Ebene der Diskussion, denn es geht weder um Aufruhr noch um Blasphemie, weil Aufruhr und Blasphemie nur in dieser Welt stattfinden können. Die Heilszusage, die Jesus gegeben hat, geht eben nicht in dieser Welt auf, sie besitzt eine universelle Perspektive. Das versucht er dem Römer zu erklären, indem er sagt: »Mein Reich ist nicht von dieser Welt. Wäre mein Reich von dieser Welt, meine Diener würden darum kämpfen, dass ich den Juden nicht überantwortet würde; aber nun ist mein Reich nicht von hier.« Um aber zum Christus zu werden, um den Menschen den Weg in das andere Reich zu ermöglichen, muss er den Juden überantwortet werden, hat er gekreuzigt zu werden, bleibt ihm nur, den ganzen Weg zu gehen, den Menschen zum Vorbild, als geistliches Itinerar für jedermann. Denn: »Ich bin der Weg und die Wahrheit und das Leben; niemand kommt zum Vater denn durch mich. Wenn ihr mich erkannt habt, so werdet ihr auch meinen Vater erkennen. Und von nun an kennt ihr ihn und habt ihn gesehen.« (Johannes 14,6–7) Die Heilszusage bedarf des Kreuzes. Ohne Kreuz kein anderes, kein wirkliches Reich, sondern die Verhöllung des Diesseits.

Zugleich gilt, wer Jesus auf einen Weisheitslehrer[59] reduziert, spricht nur noch von Esoterik, weil er das Wesentliche, die eben skizzierte Perspektive weglässt, sie im Grunde verlor. Die Welt wäre ein tadelloser Ort, ein Paradies, wenn der Mensch edel, hilfreich und gut wäre – und er kann es hin und wieder sein, doch stets ist er dabei auch sündhaft, und die Welt ist daher auch kein Paradies, sondern eben die Welt.

Die neuen Sündenleugner, die sich so gern einen Wohlfühlprotestantismus mit Christus als Seelenflüsterer vorstellen, verkennen vollkommen den Wert der Sünde. Sie können in ihr nur etwas Pathologisches sehen, weil die Vorstellung der Sünde nicht in ihr postmodernes Justemilieu-Bewusstsein passt, in dem es nichts Disparates, nichts Paradoxes oder Anstößiges, keine Zumutung geben darf. Sie haben nicht verstanden, dass man die Sünde nicht psychologisch, sondern philosophisch begreifen muss.

Was ist das für ein Verständnis von Luthers Rechtfertigungslehre, wenn man meint, dass man wegen der eigenen Sündhaftigkeit sich kasteien, sich hassen, beten und viel büßen müsse, um trotz der Sünde vor Gott bestehen zu können? Fällt diese Vorstellung nicht doch wieder in die Werkgerechtigkeit und Leistungsfrömmigkeit zurück? Man zäumt das Pferd von hinten auf, wenn man aus Gründen einer reformierten Art von Leistungsfrömmigkeit die Sünde abschaffen will, sie für nicht existent erklärt, weil man mit der Sünde nicht umzugehen vermag. Nicht Luther hat die Reformation »versemmelt«, weil er die Sünde nicht gleich mit dem Ablass abgeschafft hat, wie man gelegentlich lesen kann. Wie hätte er das auch tun können, wo sie doch eine anthropologische Konstante ist, wie man übrigens auch sonst nichts aus der Welt schafft, nur wenn man die Augen davor verschließt. Wenn man übrigens unbedingt in diesen Katgeorien denken möchte, dann käme *Calvin* noch am ehesten dieses zweifelhafte Verdienst zu. Eine der großen Leistungen Martin Luthers bestand gerade darin, dass er dem Menschen einen Umgang mit sich selbst eröffnete, indem er ihm den Weg zeigte, wie der Mensch mit seiner objektiv vorhandenen Sündhaftigkeit umgehen und sogar selig werden kann. Er hat den Menschen die Gerechtigkeit Gottes gezeigt und wurde von seinen Zeitgenossen gefeiert und verehrt dafür, dass er sie befreit hat. So kann man es in den Quellen nachlesen. Viele fühlten sich durch seine Theologie befreit. Auch deshalb ist die evangelische Kirche in einer tieferen Weise noch eine Kirche der Freiheit. Sie befreit den Christen von einem falschen Sündenverständnis, sie befreit ihn von jeglicher Leistungsfrömmigkeit, jeglichem Muckertum und jeglichem Strebertum. Martin Luther lehrt den Menschen, mit der eigenen Begrenztheit zu leben, zu sterben und wiederaufzuerstehen, weil er weiß, dass der Mensch nur mit seinen Sünden zu Gott kommt. Was ist das für eine Vorstellung von Rechtfertigung, wenn man sich wegen der Sünden und der Sünde fürchtet? Martin Luther hat uns doch gerade von dieser Furcht befreit. In einem Brief an Philipp Melanchthon schrieb er: »Sündige tapfer, doch tapferer glaube und freue dich in Christus, der Herr ist über Sünde, Tod und

Teufel.« In diesem kurzen Satz steht alles, was man über die Sünde wissen muss, dass sie zwar unvermeidlich ist, aber man sie letztlich in Christus überwinden kann. Denn: »Die Sünde wird gefesselt durch die Taufe, und das Reich Gottes wird aufgerichtet.« Der Wert der Taufe besteht in der Heilszusage, im Glauben. Schon die Alten wussten, dass es ohne Mühen nicht abgehen wird, deshalb sagten sie frei nach Seneca: *per aspera ad astra.* Wörtlich übersetzt bedeutet der Satz: durch das Raue zu den Sternen oder auch durch die Bedrängnis zu den Sternen, wenn man so will: durch die Sünde in die Ewigkeit.

Im Weg des Menschen auf Gott zu durch die Sünde hindurch findet christliches Leben statt. Und so sagt Martin Luther zu Recht in der Vorlesung über den Psalm 51 im Jahr 1532: »Denn der eigentliche Gegenstand der Theologie ist der der Sünde schuldige Mensch und der rechtfertigende Gott und Heiland dieses Sünders. Was außer diesem Gegenstand in der Theologie gesucht und verhandelt wird, ist Irrtum und Gift.«[60]

Wer Sünde unter dem Aspekt von Verbrechen und Strafe versteht, hat weder die tiefe philosophische noch die grundlegende theologische Dimension der *Sünde* begriffen. Sie steht mit unserer Unvollkommenheit, mit unserer Endlichkeit im Zusammenhang, die wir aber überwinden können mit Blick auf Christus. Indem wir also die Sünde annehmen, nicht in einem masochistischen Sinne der Selbsterniedrigung, sondern in einem Verstehen der eigenen Endlichkeit in dieser Welt, legen wir Rechenschaft ab über das eigene fehlerhafte Tun. Diese Rechenschaft jedoch wird vor Gott abgelegt, der einzig vollumfängliche Rechenschaft verlangen darf. Martin Luther hat das in seiner Auslegung des Philippebriefes 1521 für alle

Zeiten gültig auf den Punkt gebracht: »Dieses Leben ist keine Frömmigkeit, sondern ein Fromm-Werden. Keine Gesundheit, sondern ein Gesund-Werden. Kein Wesen, sondern ein Werden. Keine Ruhe, sondern ein Üben. Wir sind es noch nicht; werden es aber.«[61] Das Grundgeheimnis des Lebens besteht in diesem »Stirb und werde«. Rechenschaft für die begangenen Sünden vor Gott abzulegen, bedeutet, von seiner Endlichkeit zu reden. Martin Luther befreit uns natürlich nicht von der Sünde, aber vom falschen Begriff der *Sünde*. Wollen wir uns etwa von dieser Befreiung befreien lassen, so wie man in Knechtschaft versinkt, wenn man von der Freiheit befreit wird?

Zwei Dinge machen den Glauben aus, die nicht voneinander zu trennen sind, die Gewissheit der Sündhaftigkeit aller Menschen und die Perspektive auf das Reich, das nicht von dieser Welt ist. Zu Christus gehört die Sünde, denn er ist der Sündenlose, der auf die Welt kam, um die Sünde auf sich zu nehmen, damit ein neuer Bund Gottes mit den Menschen geschlossen werden kann. Ohne Sünde keine Erlösung, ohne Sünder kein Sündenloser. Wer die Sünde nicht sehen will, findet auch nicht den Weg zum ewigen Leben, denn er führt mitten durch die Sünde hindurch. Wer die Kategorie der Sünde abschaffen will, entlässt sich aus der Verantwortung, er gibt sich selbst Absolution und handelt selbstgerecht. Nicht die Gerechtigkeit Gottes hat derjenige im Blick, sondern nur die eigene. Oder aus anderer Perspektive: Wer die Sünde nicht sehen will, verkennt, dass zwischen ihm und dem ewigen Leben die Sünde steht. Wie will er aus ihr heraufinden, wenn er die Augen verschlossen hält und sie nicht erblickt? Martin Luther brachte es prägnant auf den Punkt: »Was ist nämlich das ganze Evangelium, wenn nicht die gute Nachricht von der Vergebung der Sünden.«[62] Die Leugnung der Sünde schafft die Sünde nicht aus der Welt, verdunkelt aber die frohe Botschaft, dass sie vergeben wird. Mit der Sünde verlöre die Welt auch die Freude.

Natürlich kann man der Meinung sein, dass »Luthers Frage: Wie bekomme ich einen gnädigen Gott ... nicht mehr unsere Frage ›ist‹, weil sie keine Anschlussmöglichkeiten mit gegenwärtigen Erfahrungen bietet. Uns treibt eher die Frage um, wie das Leben hier gelingen soll und welcher Sinn uns hilft, wenn Zweifel am Lebenssinn aufkommt. Wofür lohnt es sich zu leben?«[63] Man muss sich dann nur nicht wundern, wenn man folgende Antwort erhält: »Das Wertvollste, was der Mensch besitzt, ist das Leben. Es wird ihm nur einmal gegeben, und er muss es so nützen, dass ihn sinnlos verbrachte Jahre nicht qualvoll gereuen, die Schande einer kleinlichen, inhaltslosen Vergangenheit ihn nicht bedrückt und dass er sterbend sagen kann: Mein ganzes Leben, meine ganze Kraft habe ich dem Herrlichsten in der Welt – dem Kampf für die Befreiung der Menschheit – geweiht. Und er muss sich beeilen, zu leben. Denn eine dumme Krankheit oder irgendein tragischer Zufall kann dem Leben jäh ein Ende setzen.«[64] Das Denken der Menschheit bordet über, wenn es um die Frage des Lebenssinns geht. Kluge und banale, originelle und Allerweltsweisheiten, dichterische und Kitschpostkartensprüche finden sich darunter, doch letztlich befriedigen sie alle nicht, weil sie nur allzu endlich sind. Deutlich wird in dem Zitat des Theologen, der die Sünde abschaffen will, wie jegliche grammatische und semantische Kohärenz verlorengeht. Wer in dem Zusammenhang »uns« ist, wenn nicht damit der Pluralis Majestatis gemeint ist, erschließt sich nicht, denn der Verfasser wird doch nicht der Hybris verfallen sein, für die ganze Menschheit zu sprechen. Da das Subjekt unklar bleibt, folgen lauter Versatzstücke. Die Frage, wie ein Leben gelingen soll, lässt sich nicht einmal stellen, bevor nicht geklärt ist, was unter dem »Gelingen« in Bezug auf das Leben zu verstehen ist und ob überhaupt ein Leben gelingen muss. *Für wen,* in wessen Augen muss es gelingen? Reicht es dann nicht, wenn es einfach gelebt wird? Das alles führt wenig überraschend in die Banalität, dass Sinn benötigt wird, wenn der Sinn verlorengeht. Wofür es sich zu leben lohnt, hat der Kommunist Nikolai Ostrowski klar und bündig in dem Roman »Wie der Stahl gehärtet wurde« beantwortet. Man kann ihm darin folgen, muss es aber nicht. Die Frage ist nur, ob sich das Leben lohnen muss, und wenn es sich lohnt, wann man die Belohnung von wem erhält. Und für die, für die sich das Leben nach den Maßstäben des Autors nicht lohnt, wäre dann der Suizid als Form innerweltlicher Verdammung angesagt? Es steht jedem frei, wie er sich gedanklich in der Welt einrichtet. Aber darin unterscheidet sich das Christentum grundsätzlich von der Philosophie, dass es ihm nicht zuerst um Lebenssinn geht, nicht bloß darum, wofür es sich zu leben lohnt. Würde es sich lohnen, dann wäre es eine Arbeit – und diese Arbeit müsste folglich einen Sinn ergeben. Im Christentum dreht es sich aber nicht um Lohn und um Lebenssinn, sondern der Mensch soll dem nahekommen, was Gott für ihn bestimmt hat: nämlich Glaube, Liebe, Hoffnung (1. Korintherbrief 13,13). »Wir sind es noch nicht; werden es aber«, schrieb Luther – und mehr braucht es nicht, nichts Äußeres oder Äußerliches, nur dieses Werden.

Mit solchem Christentum hat ein Wohlfühlprotestantismus, der die Sünde nicht mehr kennen will, allerdings nichts mehr zu tun, denn es fehlt Christus. Fehlt aber Christus, existiert kein Weg mehr zum Vater, keine Auferstehung, keine Wahrheit, kein Licht, dann ist alles Diesseits. Dann setzt der furchtbare Zwang ein, dass im Diesseits, in den paar Erdenjahren, das Leben unbedingt *gelingen* muss. Welch ein Stress!

Die Welt wird kein besserer Ort durch Hypermoral, sondern schlicht und zuallererst durch den Glauben an die Heilszusage Christi, die in der Hoffnung auf das Reich Gottes liegt. Indem diese Heilszusage geglaubt wird, fällt das Licht des göttlichen Reiches in das Reich dieser Welt und begründet Ethik im christlichen Sinn. Dieses Licht ist Gott in der Welt in Gestalt des Heiligen Geistes. Nicht umsonst sagt Christus, der die Sünden der Menschen auf sich nahm, um allen Menschen den Weg zu eröffnen: »Ich bin die Auferstehung und das Leben. Wer an mich glaubt, der wird leben, ob er gleich stürbe; und wer da glaubt an mich, der wird nimmermehr sterben.« (Johannes 11,25–26) Denn es zeigt sich, dass »diese Wirklichkeiten des Ich und der Welt selbst noch eingebettet liegen in eine ganz andere letzte Wirklichkeit, nämlich die Wirklichkeit Gottes, des Schöpfers, des Versöhners und Erlösers«.[65] Erst von hier aus kommt wirklich Sinn in die Welt. Ich würde es nur nicht Sinn nennen, sondern Verantwortung. Nicht von der wohlfeilen Moral von Kirchentagen, sondern von dieser sehr fordernden Verantwortung. Die Verantwortung leitet sich nicht vom Gebot der Nächstenliebe her, sondern von der Heilszusage. Verantwortung ist Antwort auf die Gnade des Glaubens, ist Antwort des Menschen auf Gottes Geschenk.

In dem Gespräch mit Jesus im Prätorium merkt Pontius Pilatus rasch, dass es hier nicht um Recht im juristischen Sinne, nicht um eine Straftat geht, so dass er noch einmal klar und deutlich fragt: »So bist du dennoch ein König?« Allerdings in seiner eigenen Welt, in die die Paragrafen des römischen Rechts nicht hineinreichen. Der römische Prokurator bekommt auf seine Bemerkung eine Antwort, die nur auf den ersten Blick spitzfindig wirkt: »*Du* sagst es: Ich bin ein König. *Ich* bin dazu geboren und in die Welt gekommen, dass ich die Wahrheit bezeuge. Wer aus der Wahrheit ist, der hört meine Stimme.« (Johannes 28,37)

Nicht behauptet Jesus in diesem Verhör, dass er der König der Juden ist. Wie könnte er das auch sein, wo er doch Gottes Sohn ist? Wie kann er König in dieser Welt sein, wo seine Perspektive die andere Welt ist? Wie kann er nach Reichtum und Herrschaft in dieser Welt suchen, wo er dazu geboren wurde, die Wahrheit zu bezeugen? Wie können also seine Kirche oder ihre Pfarrer sich in dieser Welt um Reichtum und Herrschaft bemühen oder es mit den Reichen und Mächtigen halten, wo sie doch Christi Wahrheit zu bezeugen haben? Christi Wahrheit ist keine juristische Kategorie, dennoch benötigen Amtsträger wie Pilatus irdische Kategorien. Deshalb erwidert Jesus klar und deutlich: *Du* sagst, dass ich ein König bin, weil du nur in diesen Kategorien denkst.

»Wahrheit« ist das Thema des Späthellenismus schlechthin, das von Philosophen, Volksrednern und Religionsgründern, selbst ernannten Propheten wie kein anderes traktiert wurde. Deshalb hebt Pontius Pilatus nur die Hände und wiegelt ab: Was ist schon Wahrheit? Drei Juden, fünf Meinungen, meint man ihn aufstöhnen zu hören. Auf diese Diskussion will sich der Prokurator nicht einlassen. Die Perspektive des Römers ist eine rein Innerweltliche. Zwar akzeptiert er die Götter, doch nur so weit, wie sie Einfluss auf das weltliche Leben haben. Dass ihm der Hades gewiss ist, weiß er. Es existiert nichts anderes als eine Unterwelt für ihn, die allerdings keine Hölle ist, sondern das Reich der Schatten. Er kennt keine Heilszusage, und er erwartet von den Göttern Hilfe und Beistand im kurzen Erdenleben. Die Perspektive ist ganz diesseitig.

Christi Heilszusage ist jedoch von einer ganz anderen Qualität. Sie weist den Menschen den Weg über sich und seine Welt hinaus, in die Ewigkeit, indem sie den sündigen Menschen mit Gott versöhnt. Christus ist die Mitte des christlichen Glaubens, Gottes Heilszusage, der Weg, dem alle folgen können. Ohne Eschatologie, ohne diese Heilszusage, ohne das Bewusstsein von Schuld und Sünde, aus dem die Hoffnung auf Vergebung, Gnade und Auferstehung fließt, gibt es keinen christlichen Glauben.

Sünde, Vergebung, Gnade, Tod und Auferstehung sind der Grund des christlichen Glaubens – in die Welt gebracht durch Gott selbst, indem er Fleisch geworden ist und unter den Menschen gelebt und ihnen so den Weg gewiesen hat. Gott begnadet uns, daran glauben zu können. Er verleiht uns die Fähigkeit dazu, allein weil wir Menschen sind, und er ermöglicht es uns, indem er uns den Heilsweg durch Jesus Christus vor Augen führt.

Darin aber, diesen Weg nicht in Vergessenheit geraten zu lassen, besteht die primäre Aufgabe der Kirche, darin, dass er vergegenwärtigt wird, die Funktion der Liturgie. Wer die Sünde abschaffen will, dem wird folgerichtig Jesus zum bloßen Weisheitslehrer, und er tauscht wie Hans im Glück den Glauben gegen Esoterik ein, Reichtum gegen Tand, alles gegen nichts, und verwirft damit zugleich das alles, um im Nichts wie in einem schwarzen Loch zu verschwinden. Denn all den Verächtern der Sünde sei gesagt, dass die Sünde zum Leben gehört. Kein Mensch kann nicht nicht sündigen – wie er damit umgeht, ist für gewöhnlich das, was wir Leben nennen.

GESELLSCHAFT IM UMBRUCH

Bevor man sinnvoll der Frage nachgehen kann, ob und, wenn ja, warum der Kirche der Glaube ausgeht samt den Glaubenden, wird man nicht umhinkommen, nach der Gesellschaft zu fragen, in der Kirche existiert und handelt. Auch weil der Glaube von den Umbrüchen berührt wird, bedarf es einer wenigstens skizzenhaften Vorstellung von der Gesellschaft, in der sich Christen als Staatsbürger bewegen. Wir hatten bereits festgestellt, dass Kirche immer auch Kirche in ihrer Zeit ist, jetzt nehmen wir den Satz ernst, indem wir fragen, wie ist die Zeit, in der Kirche ist. Dabei ist stets mitzubedenken, dass Kirche nicht ganz in der Gegenwart aufgeht, sondern einen Überschuss besitzt, etwas, das über ihre konkrete Zeit hinausweist und unmittelbar zu Gott ist. Aus der Spannung zwischen dem Reich unserer Welt und dem Reich Gottes lebt Kirche. Vernachlässigt sie die Perspektive auf das Reich Gottes, gibt sie sich als Kirche auf, verliert sie das Reich unserer Welt aus dem Blick, erfüllt sie ihren Auftrag nicht und zerstört ihren Grund. Sie würde ohne Transzendenzbezug ins Bodenlose politischer Beliebigkeit stürzen und womöglich die Fallwinde noch für Fahrtwind halten.

Die Frage gewinnt gerade in einer Gesellschaft an Bedeutung, die sich im Umbruch befindet, in der Gewissheiten und Gemeinsamkeiten schwinden und Veränderungsoptionen in immer weniger vermittelbaren Widerstreit zueinander geraten. Der Umbruch der Gesellschaft äußert sich in ausbrechenden Kämpfen. Es ist völlig undenkbar, dass Kirche nicht davon erfasst wird. Selbst wenn sie sich allergrößte Zurückhaltung im politischen Raum auferlegen würde, selbst wenn Kirchenvertreter zu den gesellschaftlichen Fragen schweigen, beteiligte sie allein der Umstand, dass Christen zugleich auch Staatsbürger sind, an den Auseinandersetzungen. Im Übrigen werden die politischen Kämpfe sehr viel härter und an Ausmaß zunehmen, weil die drängenden Probleme sich verschärfen. Die Regierung scheint das jedoch nicht recht wahrnehmen zu wollen oder zu können.

Wenn beispielsweise die Bundeskanzlerin im Januar 2018 auf dem Weltwirtschaftsforum in Davos verkündet, dass die Eurokrise behoben sei, dann geht das schlicht an der Realität vorbei.[66] Italiens Staatshaushalt explodiert nur deshalb nicht, weil die EZB unter dem Italiener Mario Draghi Staatsanleihen kauft, die zudem überbewertet sind, und sie durch die Niedrigzinspolitik deutsche Kreditinstitute, Versicherer, darunter Pensionskassen in Staatsanleihen der Südländer treibt. Der Mechanismus ist verkürzt auf das Grundsätzliche folgender: Der italienische Staat gibt Staatsanleihen heraus, die von der EZB mit Geld gekauft werden, das von der EZB eigens dafür gedruckt wird. Da das erschaffene Geld auch unser Zahlungsmittel ist, finanzieren wir den Kauf von Staatsanleihen mit. Griechenland hängt nach wie vor am Tropf und wird durch Transfers finanziert.[67] Es geht bereits das Gerücht um, dass es zu einem vierten Hilfsprogramm kommt, das dann natürlich nicht mehr so heißen wird, denn es gilt den Eindruck zu vermeiden, dass die Finanzierung des griechischen Staates zu einer Dauereinrichtung der EU wird, was sie längst ist.

Wie weit sich das Establishment von der Wirklichkeit entfernt hat, bringt das Erlebnis eines Journalisten auf den Punkt: Als der Journalist »einen Sozialdemokraten aus dem Berliner Politikbetrieb über die massive Unzufriedenheit mit seiner Partei gerade bei den Stammwählern hinwies, wurde er richtig sauer: ›Wir machen so geile Politik, den Leuten geht es so gut wie nie, aber sie sind zu blöd, um das zu verstehen.‹«[68] Der Ministerpräsident von Nordrhein-Westfalen verläuft sich im Interview mit der Frankfurter Allgemeinen Sonntagszeitung vollständig in der politischen Topographie und sieht den Wald vor Bäumen nicht, wenn er sagt: »Das Ziel der CDU kann nicht sein, alles, auch programmatisch, zu sammeln, das rechts von der politischen Linken ist«.[69] Rechts von der politischen Linken ist aber die Mitte. Will die CDU also alles sammeln, was politische Linke ist? Will sie selbst politische Linke werden? Gleichzeitig spielt er das christliche Menschenbild gegen das Konservative aus, das seiner Ansicht nach nicht zur CDU gehört. Diese Aussage löste heftigen Protest der Werteunion aus. All das belegt, wie dem Establishment die Maßstäbe verlorengehen.

Begriffe wie Establishment oder herrschende Klasse definieren in unterschiedlicher Weise die gleichen soziologischen Tatsachen. Benutzen wir den Begriff im Sinne eines Geflechts aus politischen, wirtschaftlichen, medialen, kulturellen und wissenschaftlichen Eliten, die gegenseitig ihre beherrschende Stellung absichern und ein starkes wirtschaftliches Interesse daran besitzen, dass dieses Geflecht nicht infrage gestellt wird. Die Frage lautet, ob religiöse Eliten auch dazu zählen. Und ob es sie überhaupt geben darf.

Auf die Infragestellung ihrer Existenz durch eine disparate von ihr mitverschuldete gesellschaftliche Entwicklung kann das Establishment auf zwei Wegen reagieren. Entweder es analysiert die gesellschaftliche Entwicklung, definiert die Probleme und findet Lösungen, oder es ignoriert die Entwicklung nach dem bekannten Motto: weil nicht sein kann, was nicht sein darf. Der zweite Weg würde einen verstärkten propagandistischen bzw. repressiven Aufwand erfordern, der aber letztlich nur die Spannungen verschärft. Es käme zur Frontenbildung, die ab einem bestimmten Grad der Verhärtung nicht mehr aufzulösen ist. Michael Stürmer schreibt in der WELT: »Immer aber gilt, dass eine Republik ohne Republikaner nicht von Dauer sein kann. Die Politiker zeigen sich überfordert. Unterdessen treibt das Gemeinwesen in Richtung Verfassungskrise.«[70]

Was so sehr ermüdet, ratlos macht und verzweifeln lässt, ist, dass diese Entwicklung von einigen, die dann unter mediales Dauerfeuer gerieten, bereits im Herbst 2015 vorausgesehen wurde, nicht weil sie so klug waren, sondern weil man diese Entwicklung prognostizieren konnte, wenn man sich nüchtern mit den Tatsachen beschäftigte.

Die Ereignisse in Köln, die Terroranschläge, No-go-Areas wie der Görlitzer Park in Berlin, die teilweise Kapitulation der Polizei vor kriminellen Clans, das Kippen der Stimmung in der zweitgrößten deutschen Stadt Brandenburgs, die rasante Zunahme von Messerangriffen, so dass das LKA Sachsen-Anhalts Messerangriffe als eigene Kategorie in der Kriminalstatistik führen will, sind Symptome für den Zerfall der gesellschaftlichen Ordnung. Der Bewegungsfreiraum von Frauen wird eingeschränkt, ohne dass aus feministischen Kreisen bis auf wenige Ausnahmen

Protest lautwird. Frauen wird in bestimmten Gegenden bereits empfohlen, nicht mehr allein zu joggen. Hussein K. muss sich in Freiburg vor Gericht für den Mord an einer Studentin verantworten. Der Prozess brachte ans Licht, dass Hussein K. in Griechenland eine Frau von der Klippe stürzte, die nur mit viel Glück überlebte. Den griechischen Ermittler Spyridoula Chaidou gestand er damals »die Tat – ohne Anzeichen von Reue« und »fragt im Verhör, was man eigentlich von ihm will: »es war doch nur eine Frau«.[71] Eigentlich hätte Hussein K. seine Strafe in einem griechischen Gefängnis verbüßen müssen, wenn er nicht kurz nach der Verurteilung aufgrund einer politisch motivierten Amnestie wieder auf freien Fuß gesetzt worden wäre. Eigentlich hätte Hussein K. nicht nach Deutschland kommen können, wenn es Grenzkontrollen gegeben hätte. Hussein K. wäre wahrscheinlich der von ihm getöteten Studentin nie begegnet, wenn man sein Alter festgestellt hätte, anstatt ihm die gelogene Altersangabe zu glauben. Ist Hussein K. nur ein Einzelfall? Will man sich ein realistisches Bild über die innere Sicherheit des Staates verschaffen, muss man Polizeiberichte lesen und danach in die betreffende Lokalpresse schauen, da die überregionalen Medien, vor allem der öffentlich-rechtliche Rundfunk, diese Entwicklungen verdrängen. Ein typisches Beispiel dafür liefert der SPIEGEL, für den die Ereignisse in Cottbus vor allem zeigen, dass die Stadt ein rechtes Problem hat. In einer Kultur der Alternativlosigkeit laufen Journalisten Gefahr, zu Hofberichterstattern zu werden.

Jede Kritik, jeder Lösungsvorschlag, der nicht den ideologischen Vorstellungen des neuen Establishments entspricht, wird diffamiert, um von der Verschärfung der gesellschaftlichen Situation und der Gefährdung des sozialen Friedens abzulenken. Diffamieren meint in diesem Zusammenhang, dass sich nicht mit den Argumenten der Kritiker auseinandergesetzt wird, sondern Kritik mit einem negativen Etikett versehen wird. Symptomatisch dafür ist die vom Bundesfamilienministerium finanzierte Kampagne »Doppeleinhorn«, die zu dem grundgesetz-widrigen Schluss kommt: »Es heißt Grundrecht auf freie Meinungsäußerung und nicht Grundrecht auf Scheißela-bern.«[72] Wer urteilt darüber, was *Meinung* und was *Scheiße* ist? In diesem Zusammenhang lohnt es, sich an ein Diktum von Rosa Luxemburg gegen die totalitären Be-strebungen Lenins und der Bolschewiki zu erinnern: »Freiheit ist immer die Freiheit des Andersdenkenden«, oder an den Aufklärer Voltaire, dem das Bonmot zuge-schrieben wird: »Ich bin zwar nicht ihrer Meinung, aber ich werde alles tun, damit sie frei ihre Meinung äußern können.« Verbote oder Löschanweisungen müssen an die strafrechtliche Relevanz einer Meinungsäußerung gebun-den bleiben und dürfen eben nicht auf private Anbieter nach Gut- oder Schlechtdünken übertragen werden. Wer Zensurgesetze schafft, fürchtet die Wahrheit.

Wo Kirche sich am Diskurs der Gesellschaft beteiligt, gehört es zu ihren Aufgaben, mäßigend und verständnis-fördernd zu wirken. Ausgeprägte deutsche Sonderwege im Kampf um den Titel des Moralweltmeisters sollten die Kirchen dabei dringend meiden. Schon jetzt werden die Vorstellungen der westlichen Kirche, der westeuropäi-schen Protestanten »nur von einer Minderheit der welt-weiten Christenheit« geteilt – »und auch nur von solchen Kirchen, die unter den soziokulturellen Bedingungen spät-moderner Gesellschaften faktisch weltweit schrumpfen«[73], wie der Theologe Günter Thomas schreibt. Im Gefolge der

Flüchtlingskrise verschlechtert sich das Verhältnis der christlichen Kirchen Deutschlands zu den Schwesterkirchen in Osteuropa.[74] So entsteht der Eindruck, dass die deutschen Kirchen den muslimischen Verbänden in einer ganz und gar nicht selbstbewussten Haltung näherstehen als den Christen Osteuropas. Eine kleine Anekdote mag diese Haltung illustrieren. Auf einem Podium schwärmte der Mitarbeiter der EKBO Bernd Krebs davon, wie sehr einem Muslimen seine kahle, bilderlose Kirche in Berlin Neukölln gefallen habe und freute sich anderseits darüber, dass eine polnische Katholikin »schreiend« aus selbiger Kirche geflohen sei, weil sie so schmucklos war.

Was also sind die »soziokulturellen Bedingungen spätmoderner Gesellschaften«? Unter welchen geistigen, mentalen und medialen Bedingungen agiert Kirche in einer »spätmodernen Gesellschaft« wie der Bundesrepublik Deutschland? Dabei ist zu bedenken, dass alle Auseinandersetzungen innerhalb der Gesellschaft zugleich auch innerhalb der Kirche stattfinden. Symptomatisch dafür ist, wenn ein Bischof feststellt: »Wir treten auf jeden Fall dafür ein, dass die Kirche politisch bleibt.«[75] Dass damit »parteipolitisch« gemeint ist, belegt der Bischof im selben Interview mit dem Satz: »Aber ich kann mir glaubwürdiges Christensein nicht in der AfD vorstellen.« Ein Bischof, der Mitglieder oder Wähler einer Partei, die zu den Wahlen zugelassen ist, das Christsein abspricht, ganz gleich, ob es sich um Linke, Grüne, SPD, FDP, CDU, CSU oder AfD handelt, agiert schismatisch. Ein Christen-TÜV fällt weit hinter Martin Luther zurück, der schreibt: »Weder der Papst noch ein Bischof noch sonst irgendwer hat das Recht, über einen Christenmenschen auch nur eine einzige Silbe zu erlassen, außer mit dessen Zustimmung.«[76]

Freilich bilden sich in jeder Gesellschaft notwendiger-weise Schnittstellen zwischen den verschiedenen Eliten, so auch zwischen kirchlicher und politischer. Schwierig wird es nur, wenn die immer gleichen Eliten – die Funkti-onäre der Kirche, der Parteien, der Wirtschafts- und der Gewerkschaftsverbände –, die sich seit Jahren kennen und treffen, sich immer weniger um einen Außenbezug bemühen. Wenn man sich nicht mehr von dem erreichen lässt, was Christen, was Unternehmer, was einfache Ge-werkschaftsmitglieder bewegt, dann wird man auf Dauer viele Menschen nicht mehr erreichen. Auf der EKD-Syno-de 2017 in Köln sagte die Journalistin Christiane Florin in ihrem Impulsreferat: »Die Reste der Volkskirche tun sich mit den Resten der Volksparteien zusammen, das macht immer noch etwas her.« Die Frage ist nur: Wie lan-ge noch? Nach Florin wird viel davon abhängen, ob es ge-lingt, die alternativen Milieus – »fromm versus politisch, konservativ versus liberal, modern versus postmodern, autoritär versus plural« – in einem produktiven Streit zu halten. Allerdings lassen sich diese gängigen Kategorien oft nicht mehr sauber trennen, weil sich große gesell-schaftliche Umbrüche vollziehen, die man mit dem Ter-minus technicus Paradigmenwechsel bezeichnen kann. Die hohen Anforderungen an Qualifikation, die an Fach-arbeiter in der Industrie gestellt werden, das Aufkommen neuer Industrien, der Bedeutungsaufschwung, den die Dienstleistungsbranche genommen hat, alles, was wir mit Digitalisierung verbinden, das unsere Lebens- und Kom-munikationsweise grundsätzlich verändert, schaffen eine neue Gesellschaft. Vieles gärt, viel Widersprüchliches reibt sich aneinander.

Paradoxerweise werden größere Freiheiten mit einer Art Neofeudalisierung erkauft. Große Internetimperien betreiben eine gnadenlose Landnahme im virtuellen Raum. Der Mensch kann zwar durch die Welt reisen und alles vom Smartphone aus erledigen, aber er wird gläsern, durchschau- und manipulierbar. Gerade eben wurde auf dem Weltwirtschaftsgipfel in Davos eine Initiative vorgestellt, die darauf hinausläuft, dass sich die Reisenden freiwillig zum gläsernen Menschen machen. Diese Initiative wird von den Niederlanden und Kanada demnächst bilateral getestet werden. Jeder Reisende soll eine eigene Datenbank mit Informationen wie Hotelübernachtungen, Mietwagen, Bankdaten und allen möglichen Dokumenten, die Auskunft über ihn geben, erstellen. Auf diese Datenbank wird beim Überschreiten von Ländergrenzen den betreffenden Behörden (Grenzschutz, Zoll, ggf. Homeland Security) Zugriff gewährt. Je nach Geschmack kann man es als demagogisch oder als zynisch empfinden, wenn die in staatlicher Partnerschaft agierenden privatwirtschaftlichen Projektentwickler in ihrer Präsentation schreiben: »Endlich *müssen* die Reisen die Gelegenheit erhalten, von der passiven Rolle zu einer aktiven Partnerschaft im Sicherheitsprozess zu wechseln.«[77] Wenn sie durch »selfselecting« willig ihre Daten zur Verfügung stellen, dann werden sie bei der Abfertigung privilegiert. Man wird also den Grenzübertritt für diejenigen, die nicht »freiwillig« ihre Daten zur Verfügung stellen, extrem unkomfortabel gestalten. In dem Dokument wird trotz Verschleierung so viel gesagt, dass Orwells »1984« als gutmütige und fast wünschenswerte Utopie erscheint. Der Bürger wird nicht mehr ausspioniert, er spioniert sich selbst aus und stellt die Ergebnisse dem Staat und den Internetgiganten zur Verfügung. Dadurch, dass die Daten beim Reisenden bleiben, er sie »nur« zur Verfügung stellt, behält er sein »Dateneigentum« und ist dafür selbst verantwortlich. Das scheinbare Fehlen von zentralen Datenbanken entbindet den Staat und die Internetgiganten, die auf die Daten zugreifen, von der Verpflichtung, die Daten vor Hackerangriffen zu schützen, denn erstens existiert ja keine zentrale Datenbank und zweitens bleiben die Daten, wie dreist behauptet wird, Eigentum des Reisenden. In der Präsentation findet sich dann doch ein, allerdings sehr kryptischer Hinweis darauf, dass die Daten gespeichert werden, und zwar *»über ein Spiegelkabinett aus Blockchain-Terminologie wird dafür gesorgt, dass das nur sehr misstrauischen oder gewissenhaften Lesern auffällt. (Auf Seite 25 erfährt man verklausuliert und vage die Wahrheit.)«*[78] Kannte der Feudalismus den Leibeigenen, so kennt der Neofeudalismus den Dateneigenen der großen Internetherrscher. Die amerikanische Wirtschaftswissenschaftlerin Shoshanna Zuboff sprach vom Überwachungskapitalismus, es wäre schon eine Hoffnung, wenn wenigstens der Kapitalismus übrig bliebe. Gerade an dieser Stelle findet tatsächlich ein Generalangriff auf das christliche Menschenbild statt, gerade hier müsste die Kirche den Menschen als Geschöpf Gottes verteidigen und eine große Debatte in Gang setzen. Stattdessen starrt die Kirche auf den »Rechtspopulismus« wie das Kaninchen auf die Schlange und verkennt die große Gefahr, die von der konzerngetriebenen Digitalisierung für die Demokratie, die Freiheit und für die Menschlichkeit ausgeht. Dieses Thema hat die Kirche ausgehend von Luthers Entdeckung des Individuums, ausgehend von der Verantwortung der Christen für die Schöpfung offensiv anzugehen. Weder

der Mensch noch Gott, der Schöpfer, sind ein Schürfgebiet für Daten. Allein dieses Beispiel skizziert, in welchem fundamentalen Wechsel des gesellschaftlichen Paradigmas wir uns befinden.

Bevor ein Blick auf das gesellschaftliche Paradigma geworfen und die Veränderungen, der einsetzende Wechsel identifiziert werden, soll eine kurze Definition klären, was im Weiteren unter Paradigma zu verstehen ist. Ein Paradigma umfasst die gemeinsamen Vorstellungen von der Beschaffenheit der Welt und der Gesellschaft, von den verbindlichen Normen und Werten und die Akzeptanz ihrer Legitimität. Es umfasst Glaubensinhalte und letztlich, was oft vergessen wird, eine gemeinsame Ontologie, die ihre Ausprägung in der Vorstellung von Subjekt und Objekt findet. Aus der Perspektive der politischen Philosophie gewinnt die Frage nach dem Verhältnis von Subjekt und Objekt insofern eine erhebliche Bedeutung, weil sie grundlegend für die Beziehung von Staatsbürger und Staat ist. Diese Stellung darf nicht vorschnell mit dialektischer Forschheit im Sinne einer Hegel'schen Ontologie, nach der der Staatsbürger in den Staat eingeht und keiner Vermittlung bedarf, gesetzt werden. Diese Ontologie berührt die Grundlagen des Staatsrechts, der Demokratie und der Freiheit des Einzelnen. Im Übrigen würde eine ontologische Kritik der Digitalisierung ihre Risiken aufzeigen und das Finden von Regeln für die Digitalisierung erleichtern.

Nicht umsonst und vollkommen zu Recht bezeichnet Immanuel Kant die von Martin Luthers Schrift »Von der Freiheit eines Christenmenschen« ausgehende grundstürzende Veränderung des Verständnisses von Subjekt und Objekt, die zum Rationalismus führte und zum ersten

Mal von René Descartes gefasst wurde, als »kopernikanische Wende«[79]. Mit dieser kopernikanischen Wende, mit der Erfindung des Individuums, mit der Reformation entwickelte sich das große gesellschaftliche Paradigma, das in unseren Tagen zu Ende geht. Es droht, in der Digitalisierung faktisch abgeräumt zu werden, weil das Individuum zu Datenstaub zerbröselt. Der Mensch wird verfügbar. Es geht schlicht nicht mehr um Entfremdung oder Selbstentfremdung, weil das eben das sich entfremdende Individuum voraussetzt, es geht um die Auflösung des Individuums in Dateneinheiten. Die folgenschwerste Veränderung besteht im Ende des Individuums. Der Paradigmenwechsel wird in folgenden Phänomenen, die Pars pro Toto stehen sollen und keinen Anspruch auf Vollständigkeit erheben, deutlich:

- in der Bedeutungsverschiebung von der Realwirtschaft zur Finanzwirtschaft
- in der Aushebelung der Diversitas des Regionalen und Nationalen durch Schaffung großer Strukturen in Politik und Gesellschaft (bspw. EU), die mit dem Verlust der Demokratie und der Schaffung oligarchischer Strukturen einhergeht
- in der Konzentration des Kapitals in immer weniger Händen
- darin, dass auch bedingt durch die großen Strukturen Kapital im großen Umfang aus der sozialen Verantwortung entlassen wird
- in der Bevorzugung des geerbten im Gegensatz zum erarbeiteten Kapitals
- in der Schaffung einer virtuellen Welt, in der durch große Internetfirmen wie Facebook oder Amazon eine geradezu feudalistische Landnahme stattfindet

- im Verlust an Wirklichkeit und Wirklichkeitswahrnehmung, dadurch aber auch an demokratischer Teilhabe, weil Wirklichkeit virtualisiert und zur Ware wird
- in der Schaffung eines Überwachungsimperialismus durch die großen Internetfirmen
- in der Schaffung der Schuldknechtschaft (Paul Stieglitz, Niall Ferguson, David Kennedy)[80] und neuer wirtschaftlicher Abhängigkeiten
- in der Aushebelung der Bürgerrechte
- und natürlich in der Digitalisierung des Individuums. Big Data wird zum Gulag des 21. Jahrhunderts.

Am Anfang unseres nun zu Ende gehenden Paradigmas standen die Erfindung des Buchdrucks, das heliozentrische Weltbild und die komplette Neubestimmung des Verhältnisses von Subjekt und Objekt. Sie *führte zu einer in der Welt einzigartigen Entwicklung in Europa,* die Wissenschaft und Technik, Demokratie und die Definition der Menschenrechte mit legalistischer Konsequenz erst ermöglichte.

Mit der Erfindung des Buchdruckes wurde der Übergang von der pikturalen, also bildbasierten, zur skripturalen, also schriftbasierten, Kommunikation geschaffen, durch die eine Druckkultur als tragende Säule der europäischen Wissensgesellschaft entstand.[81] Die Erfindung des Buchdruckes revolutionierte die Gesellschaft und bedeutete selbst eine Medienrevolution. Durch sie entstand erst Öffentlichkeit im modernen Sinn[82] und als Reaktion darauf der Index der verbotenen Bücher. Der Index der verbotenen Bücher stellte den Versuch dar, die entstehende Öffentlichkeit einzuschränken, sie einer Kontrolle zu unterwerfen. Es ging darum, dem Ansturm des Wissens zu wehren und die öffentlichen Debatten einzuschränken.

Die Parallele zu unserer Zeit verblüfft, denn die sozialen Medien schaffen einen neuen Kommunikationsraum, eine neue Öffentlichkeit, die wiederum von Herrschaft reguliert werden soll. So stellt in unserer digitalen Welt das Netzdurchwirkungsgesetz wie in der analogen Ära der Index der verbotenen Bücher einen Regulierungsversuch dar. Dem Papst, der sich lehramtliche Autorität reserviert hatte, ging es damals schlicht darum, die Deutungshoheit zu sichern. Dieses Unterfangen lässt sich nicht hoch genug einschätzen, denn die Deutungshoheit über eine Gesellschaft ist Macht, ist wahre Macht von wahrer Macht, ganz gleich, ob sie sich institutionell oder informell vollzieht. Das erklärt sowohl die Aufregung, aber auch die Hysterie, mit der auf die Befragung der Deutungshoheit reagiert wird. Jede Befragung der Deutungshoheit aus der Sicht derjenigen, die sie beanspruchen, wird als Infragestellung ihrer eigenen Stellung gewertet, zuweilen auch als Angriff oder gar als Umsturzversuch, weil sie an den Grundfesten rührt.

Die Verteidigung der Deutungshoheit der herrschenden Eliten als basales Mittel des Machterhalts ist keine historische Besonderheit, sondern eine geschichtliche Konstante, eine Vorgang in Permanenz, der umso drastischer in Erscheinung tritt, umso stärker und umso offenkundiger Deutung und Wirklichkeit auseinanderfallen.

Wenn die alltäglichen Erfahrungen der Bürger mit den Leitbildern der Eliten immer weniger in Übereinstimmung zu bringen sind, bleiben nur zwei Möglichkeiten: die Lösung oder die Verstärkung des Problems. Die Inkongruenz von Wirklichkeit und Ideologie lässt sich nur auflösen, wenn die Eliten die Leitbilder verändern. Oder sie wird verstärkt, wenn den Bürgern die Fähigkeit zur Perzeption abgesprochen wird, indem man ihre Erfahrung als *unterkomplex* zu übergehen versucht.

DIE NEUEN KÄMPFE UND
DIE KIRCHE

Vielfach wird die Existenz eines Meinungskanons, »Mainstream« genannt, beklagt oder begrüßt. Dabei verhält es sich selten so, dass sich die Meinung der Mehrheit in ihm artikuliert. Eher handelt es sich um den Kanon des Sagbaren einer qualitativen Mehrheit der Medien, gesellschaftlicher Institutionen und Parteien, der Streamer, um einen Kanon der in die Öffentlichkeit hineinwirkenden Eliten. Dieser Kanon kann auch als Gradmesser für Meinungsfreiheit und mithin den Zustand einer Demokratie gewertet werden. Umso weiter dieser Kanon gefasst ist, umso größer ist die Meinungsfreiheit und das Maß an Demokratie, umso offener und vielfältiger die Debatten.

Die Kirche ist per se zum nicht geringen Teil an dieser Kanonbildung beteiligt. Das ist gut und wichtig, nur erwächst ihr daraus eine sehr große Verantwortung, der sie gerade als Kirche der Freiheit gerecht werden muss. Es wäre fatal, wenn die Kirche gerade hier ihrer Verantwortung nicht gerecht werden würde, wenn sie an der Reduktion des Kanons mitwirkte, um die Deutungshoheit der Eliten zu festigen. Gerade in einer Untersuchung über das aktuelle Verhältnis von Glauben und Kirche gewinnt die Frage, ob sich die Kirchenleitung zur neuen Elite rechnet, sozial und mental die gleichen Dispositionen teilt, auch aus dem Grund entscheidend an Bedeutung. Ist Kirche in dieser Hinsicht eine Kopie der Gesellschaft in nuce? Dass gerade die Frage nach den Eliten, dem sogenannten Establishment, den stärksten Populismus-Vorwurf hervorruft, verwundert nicht, geht es hierbei doch um die älteste aller Fragen in der Geschichte der Menschheit, um die Frage der Macht, die nicht nur politische, sondern auch wirtschaftliche, kulturelle, mediale, religiöse Macht einschließt. Es lässt sich nicht übersehen, dass sich ein neues Establishment, eine neue herrschende Klasse herausgebildet hat. Was wir erleben, ist der Kampf dieses Establishments gegen die Folgen des eigenen Versagens, das es aus ideologischen Gründen und vielleicht auch um des Machterhalts willen nicht korrigieren will.

Um es am Beispiel zu illustrieren: Während die Bundeskanzlerin am 24. Januar 2018 in Davos Deutschlands Hauptproblem im Rechtspopulismus, das sie in den Griff zu bekommen gedenkt, sieht und sich weiter zur Politik der offenen Grenze bekennt, verkündet ihr Innenminister auf einer EU-Tagung in Sofia am 25. Januar 2018, dass die Bundesregierung bereit ist, die Diskussion über eine gleichmäßigere Verteilung von Flüchtlingen in Europa vorerst zu beenden.[83] Kritiker geben der Regierung Merkel seit nunmehr zwei Jahren zu bedenken, dass die Vorstellung, EU-Länder von der Notwendigkeit zur Aufnahme von Migranten, vor allem aus Deutschland, zu *überzeugen*, illusorisch sei. Andere Staaten in der EU sehen keinen Grund, Deutschland Flüchtlinge abzunehmen, weil die deutsche Regierung in einer einsamen Entscheidung ohne Konsultation mit anderen Regierungen und ohne Beratung im Parlament die Grenzen für alle geöffnet hat, die das Wort Asyl sagen. Darüber hinaus führt der untaugliche Versuch, das größte Regierungsversagen seit der Gründung der Bundesrepublik mit Hilfe der EU zu vertuschen, zur Spaltung der EU. Die Folgen dieser Politik für Europa, aber auch für Deutschland sind desaströs. Noch im Jahr 2003 gehörte Angela Merkel zu den entschiedenen Kritikern einer radikalen multikulturellen Gesellschaft. Auf dem Leipziger Parteitag sagte sie: »Manche unserer Gegner können es sich nicht verkneifen, uns in der Zuwanderungsdiskussion in die rechtsextreme Ecke zu rücken, nur weil wir im Zusammenhang mit der Zuwanderung auf die Gefahr von Parallelgesellschaften aufmerksam machen. Das, liebe Freunde, ist der Gipfel der Verlogenheit, und eine solche Scheinheiligkeit wird vor den Menschen wie ein Kartenhaus in sich zusammenbrechen. Deshalb werden wir auch weiter eine geregelte Steuerung und Begrenzung von Zuwanderung fordern.«[84] Die weite Bewegung der CDU nach links hat der politischen Statik der Gesellschaft schwer geschadet und viele Bürger politisch heimatlos gemacht. Sie sind auf der Suche nach einer neuen Heimat, manche haben sie bereits gefunden. Unsere Gesellschaft ist zunehmend auch mental überfordert. Hinzu kommt, dass die politisch Verantwortlichen die Bürger täuschen. In den Sondierungsgesprächen und in den Koalitionsverhandlungen wird publikumswirksam darüber gestritten, ob eine Obergrenze zu setzen und wie sie zu definieren ist, ob der Familiennachzug ausgesetzt wird, während die Europa-Abgeordneten dieser Parteien in Straßburg Gesetze beschließen, die deutsche wie auch immer geartete Regelungen überflüssig machen. So fasste der stellvertretende Chefredakteur von Focus Money das, was in Straßburg im November 2017 weitgehend unbeachtet von der deutschen Öffentlichkeit beschlossen wurde, so zusammen:

- »Behauptet ein Flüchtling, Verwandte in einem Mitgliedsstaat zu haben, die anerkannten Schutz oder einen legitimen Aufenthaltsstatus haben, wird dieser betreffende Mitgliedsstaat automatisch zuständig für den neuen Asylantrag.« Auf Deutsch gesagt: Das wird in der weit überwiegenden Zahl aller Fälle Deutschland sein.
- Beweise braucht es dafür nicht: Geben die Angaben des Antragstellers keinen offensichtlichen Grund für Zweifel, reicht das.
- Damit nicht genug: »Antragstellern wird auch gestattet, sich als Gruppen von höchstens 30 Personen erfassen zu lassen«, wie es in der Begründung heißt, und sie können sich auch zusammen in einen Mitgliedsstaat überstellen lassen. Dafür reicht es, sich während der Reise nähergekommen zu sein.«

Frank Mertgen schlussfolgert: »Es ist, wie bereits erwähnt, angesichts einer geplanten Dublin-Neuregelung vollkommen egal, was die Scheinriesen-GroKo zur ›Obergrenze‹ vereinbart hat. Und es ist ebenso egal, ob der Familiennachzug für subsidiär Geschützte, Härtefälle oder alle ermöglicht wird.« Die Folgen dieser Gesetzgebung könnten das Jahr 2015 noch übertreffen, denn »Griechenland dürfte nur darauf warten, dass sich das EU-Parlament durchsetzt, und keinerlei Zweifel einwenden, wenn jemand sagt, er sei ganz sicher, Verwandte in Deutschland zu haben – und alle Flüchtlinge durchwinken.«[85] Sollten aber Italien und Griechenland aufgrund dieser Neuregelung des Dublin-Abkommens alle Flüchtlinge, die nach Deutschland kommen wollen, durchwinken, dann werden in Deutschland extrem harte Auseinandersetzungen ausbrechen. Der Innenstaatssekretär Ole Schröder bestätigt die

Prognose: »Wenn jeder der über 1,4 Millionen Menschen, die seit 2015 in Deutschland Asyl beantragt haben, zur Ankerperson für neu in der EU ankommende Schutzsuchende wird, reden wir über ganz andere Größenordnungen als bei der Familienzusammenführung.«[86] Das ficht den Kölner Kardinal Woelki nicht an, weiter gegen jede Realität zu behaupten: »Wir sind keineswegs an unser Limit gegangen und kommen auch nicht dorthin.« Soll das heißen, Deutschland könne die ganze Welt aufnehmen? Oder glaubt der Kardinal, das Flüchtlingsproblem würde sich trotz anwachsender Kriegsgefahren demnächst erledigen? In Essen, das zu Woelkis Diözese gehört, ist die Tafel bereits am »Limit«. Unter heftigem Protest von Verbänden wie Pro Asyl gibt die Tafel bis auf weiteres Essen nur noch an Inhaber eines deutschen Passes aus. Was wie Diskriminierung aussieht, ist Resultat des Abwälzens der Folgen staatlicher Flüchtlingspolitik auf die Kommunen. Die Essener Tafel begründet die Begrenzung damit, dass der Anteil der Migranten zuletzt auf drei Viertel gestiegen sei. Der Vorsitzende der Essener Tafel Jörg Sartor sagte der Westdeutschen Allgemeinen Zeitung: »Wir wollen, dass auch die deutsche Oma weiter zu uns kommt.« In den vergangenen zwei Jahren seien aber ältere Tafel-Nutzerinnen sowie alleinerziehende Mütter durch rabiates Auftreten männlicher Migranten »einem schleichenden Verdrängungsprozess zum Opfer gefallen«.[87]

Wenn Kirchenfunktionäre nicht zu einer realistischen Lagebeurteilung zurückkehren, dann verspielt Kirche ihre öffentliche Akzeptanz und Glaubwürdigkeit. Sie schadet überdies dem Christentum, wenn sie versucht, eine an der Wirklichkeit vorbeigehende Hypermoral theologisch zu begründen, wobei zumeist Individualethik für Politik reklamiert und Begriffe wie Gastlichkeit unscharf gebraucht werden. Das Ergebnis ist in der Regel eine hohe Übereinstimmung mit rot-grüner Ideologie. Kirche macht sich dadurch im Wortsinn *unglaubwürdig*. Längst dringen glücklicherweise auch aus der Kirche selbst Warnungen. So gibt der Theologe Günter Thomas zu bedenken: »Aber erfordert ein ehrlicher Blick zum Beispiel auf die manifesten Nöte in den Staaten der arabischen Welt, Afrikas und Afghanistans nicht anzuerkennen, dass sie die Aufnahmekapazitäten Europas bei weitem übersteigen?«[88]

Der Rückzug, den Thomas de Maizière in Sofia angetreten hat, ist eines von vielen Zeichen für das Scheitern der »Flüchtlingspolitik« der Bundesregierung. Dazu passt, dass am 23. Januar 2018 der geschäftsführende Finanzminister Peter Altmaier in Brüssel den Widerstand der deutschen Regierung gegen die gemeinsame europäische Einlagensicherung aufgegeben hat. Frank Schäffler schreibt dazu: »Sparkassen und Volksbanken, aber auch Privatbanken in Deutschland und letztlich die Einleger bei diesen Banken haften bald für die Schieflage von Banken in Griechenland, Italien oder Spanien.«[89] Die deutsche Finanzpolitik in Europa ist im gleichen Maße gescheitert wie die deutsche »Flüchtlingspolitik«. Dieses Scheitern wird zu Krisen und zu Verwerfungen führen, die auch an den Kirchen nicht vorbeigehen werden. Sie sollten sich darauf einstellen und eine Debattenkultur entwickeln, die ihre unterschiedlichen Flügel um des Evangeliums willen zusammenhält.

Hans-Werner Sinn und andere Ökonomen wiesen auf das wirtschaftliche Desaster hin, das mit Sicherheit kommen wird, wenn Deutschland die Vergemeinschaftung der Schulden, Bankeinlagen und der Pensions- und Sozialfonds zulässt. Man kann diese fiskalpolitische Entwicklung mit einem Wort bezeichnen: Enteignung. In der WirtschaftsWoche sagte der Ökonom Malcolm Schauf, der Präsident des Bundesverbandes Deutscher Volks- und Betriebswirte ist: »Ich fürchte, den meisten Deutschen ist überhaupt nicht klar, was das bedeutet: *nämlich die finanzielle Entmachtung der Nationalstaaten in der EU. Für Deutschland wird das sehr teuer. Warum wohl setzt sich Macron so sehr für die weitere Vergemeinschaftung ein? Weil Frankreichs Schulden weiter steigen. Frankreich wird demnächst sehr viel Geld brauchen. Viele Geschäftsleute und Ökonomen, die ich im Ausland spreche, sehen Deutschland als ›dummes Schaf‹.*« Zur Flüchtlingspolitik stellte Prof. Dr. Schauf fest: »Merkel überfordert mit ihrer Flüchtlingspolitik Deutschland. Der soziale Friede ist daher gefährdet. Und der ist ein wichtiger Standortfaktor. Ich bin gespannt auf die nächste Statistik zum Wanderungssaldo bei Hochqualifizierten. Ich vermute, dass viele von ihnen Deutschland verlassen aufgrund der gesellschaftlichen Entwicklung. Aus meinem persönlichen Umfeld zumindest höre ich oft von Auswanderungswilligen. Wenn wir die Eliten verlieren, sieht es für Deutschland nicht gut aus.«[90]

Aber auch der Zweckoptimismus und die Weltblindheit der Herrschenden sind historisch nichts Neues, sondern Begleiterscheinungen des Niederganges. Wenn Kirche die Augen vor der Wirklichkeit verschließt und die aktuelle Politik theologisch zu rechtfertigen versucht, dann kettet sie sich an politische Eliten und wird deren Schicksal teilen. Darüber hinaus würde sie die Theologie als reine Herrschaftswissenschaft desavouieren und den christlichen Glauben in Misskredit bringen. Der »Feind« wird zum »Ketzer« in einer politischen Theologie – oder im Umkehrschluss: Wenn Theologie den politisch Andersdenkenden theologisch als Feind definiert, wird sie zur politischen Theologie und bald schon zur pseudotheologischen Politik.

Zu den Waffen im Kampf um die Deutungshoheit gehören Etiketten, die von der Politikwissenschaft wie im sozialistischen Wettbewerb in einem fort produziert werden, nicht um Wirklichkeit auf den Begriff zu bringen, sondern um Kritik zu neutralisieren und die Kritiker einzuschüchtern. Das Etikett »Populismus« beispielsweise gehört zu den Schlachtrufen, die dem eigenen Machterhalt eine moralische Fassade sichern und den Kritiker zum Feind erklären sollen. Blickt man tiefer, wird man erkennen, dass die Pejoration von Populismus nicht der Legitimation, sondern der Macht dient. Herrschaft ist darauf angewiesen, sich zu legitimieren, ansonsten sind ihre Tage gezählt. Sie legitimiert sich, indem sie ihre Funktion erfüllt, nämlich den Interessenausgleich zwischen wichtigen sozialen Gruppen in der Gesellschaft zu ermöglichen. Und sie legitimiert sich, indem sie sich an ihre eigenen Gesetze hält.

Zwei kleine, aber typische Beispiele seien genannt zur Illustration des Diskreditierens an Stellen, wo argumentiert werden sollte. Eines liefert der Islambeauftragte der Evangelischen Landeskirche in Bayern (ELKB), der in einer Rezension zu Ralf Frischs Buch »Was fehlt der evangelischen Kirche?« die dort vorsichtig geäußerte Kritik am »fundamentalistischen Islam« verwirft, indem er einfach behauptet, dass diese Kritik »populistisch« sei. Sehen wir einmal davon ab, dass die Frage in einer Rezension nicht zuallererst lauten kann, ob der Autor eine populistische These vertritt, sondern die erste Frage sein muss, ob diese These zutrifft. Trifft sie nicht zu, kann man sie immer noch als populistisch deklarieren, obwohl das substanziell nichts aussagt. Was Rainer Oechslen unter Populismus versteht, erfahren wir nämlich nicht. Für ihn stellt Populismus »eine dauernde Gefährdung des Rhetorischen« dar. Aber was ist unter einer »Gefährdung des Rhetorischen« zu verstehen? Der Rezensent bemüht sich, den Autor gerade in seiner Kritik des »fundamentalistischen Islam« bei einem logischen Fehlschluss zu ertappen, nur leider verwechselt er dabei den Satz vom ausgeschlossenen Dritten mit dem Satz vom Widerspruch, der festlegt, dass etwas zu gleicher Zeit nicht zugleich zutreffen und nicht zutreffen kann, während der Satz vom ausgeschlossenen Dritten nur besagt, dass zwischen Gegensätzen kein Drittes existiert: *tertium non datur*. Wenn also Frisch über den fundamentalistischen Islam schreibt: »Was ihm Bestand verleiht und zugleich zum Untergang verurteilt, sind menschen-, gottes- und schöpfungsverachtende Unterwerfungs- und Gewaltverhältnisse«, kann Oechslen nicht nach Maßgabe des Satzes vom ausgeschlossenen Dritten fragen, wie es möglich sein soll, dass eine Sache einer anderen zugleich Bestand und Untergang bereitet, sondern er hätte nur ausschließen können, dass es etwas Drittes gibt. Nur behauptet Frisch nicht, dass es etwas Drittes gibt. Korrekt könnte der Rezensent mit dem Satz vom Widerspruch fragen, wie etwas Bestand haben kann und zugleich zum Untergang verurteilt ist. Aber auch hier verlässt den Rezensenten die Logik, denn selbst wenn er einwendet, »dass eine Eigenschaft einer Sache zur gleichen Zeit und in gleicher Hinsicht nicht zugleich zukommen und nicht zukommen kann«, was für Frischs Aussage, die eben nicht auf etwas Drittes rekurriert, nicht zutrifft, übersieht Rainer Oechslen die grammatische Zeit, denn natürlich kann etwas Bestand haben, heißt bestehen, jetzt und morgen und übermorgen, und dennoch heute bereits zum Untergang verurteilt sein, den Keim seines Todes in sich tragen, wie eben alles besteht, bis es untergeht. Logik ist Glückssache. So verwundert nicht, dass der Rezensent auch mit dem Populismus-Vorwurf scheitert, denn Oechslens Zirkelschluss lautet, die Äußerung ist populistisch, weil sie populistisch ist – und das ist evident. Die Evidenz ergibt sich einzig und allein daraus, dass sie evident ist. Symptomatisch ist hier der Versuch, sich die Argumentation des Autors zurechtzubiegen, sie im Grunde zu verfälschen. Aus der Kritik des *fundamentalistischen* Islam wird bei ihm nämlich die »Kritik am Islam« schlechthin, was zwei verschiedene Paar Schuhe sind. In dem zitierten Satz geht es nicht um den Islam schlechthin, sondern konkret um den »fundamentalistischen Islam«. Aus der Beschreibung des fundamentalistischen Islam wird bei Oechslen demzufolge die Aussage: »Der Islam ist gefährlich.« Dieser in Anführungszeichen gesetzte Satz, der deshalb wie ein Zitat wirkt, stammt aber nicht aus dem Buch. Trotzdem schrieb der Rezensent: »diese pauschale Einschätzung zieht sich quer durch die Gesellschaft bis zur AfD«. Es geht jetzt also nicht mehr darum, was faktisch das zur Debatte stehende Buch hergibt, sondern um das, was sich quer durch die Gesellschaft zieht. Was sich aber quer durch die Gesellschaft zieht bis hin zur AfD, kann natürlich nur populistisch sein. Das mag sein oder auch nicht, doch was hat das mit dem Buch zu tun? Die Vorstellung, dass man bei Blitzeis besser nicht das Haus verlässt, dürfte sich ebenfalls »quer durch die Gesellschaft bis zur AfD« ziehen. Dass Frisch gerade in dem Zitat, das Oechslen kritisch aufspießt, genau das macht, was er eigentlich fordert – *nämlich die Gefahren »zu differenzieren, um* an der Stelle von Meinung und Vorurteil Kenntnis und Erkenntnis zu ermöglichen« –, übersieht er. Das ist umso peinlicher, weil Frisch das Wort »Gefahr« gar nicht verwendet. Er schreibt: »Dem fundamentalistischen Islam fehlen wie jedem Fundamentalismus die Gelassenheit und die Freiheit selbstkritischer Selbstgewissheit. Was ihm Bestand verleiht und zugleich zum Untergang verurteilt, sind menschen-, gottes- und schöpfungsverachtende Unterwerfungs- und Gewaltverhältnisse ...« Erst aus dieser Beschreibung gewinnt Oechslen seine Behauptung, dass Frisch eine ernsthafte Gefahr sieht. Um den Autor zu kritisieren, der es gewagt hat, den »fundamentalistischen Islam« als politische Religion zu bezeichnen und zu den fundamentalistischen Ideologien zu zählen, zieht der Rezensent sinnwidrig und inkohärent die frühe Beziehung des Christentums zum Judentum heran als Analogon des Verhältnisses zum Islam. Das eine hat mit der von ihm aufgeworfenen Frage so viel zu tun wie der Kaffeesatz mit dem Satz des Pythagoras. Das ist einfach nicht *state of the art* einer Rezension. Denn erstens geht es um die Sicht auf den »fundamentalistischen Islam« und nicht um das Judentum. Und zweitens sind die genuinen Beziehungen des Christentums zum Judentum vollkommen andere als die zum Islam. Es hat doch einen tieferen Grund, wenn Jesus sagt: »das Heil kommt von den Juden« (Johannes 4,22). 1986 prägte Papst Johannes Paul II. in der Synagoge von Rom den großen Satz: »Ihr seid unsere bevorzugten Brüder und, so könnte man gewissermaßen sagen, unsere älteren Brüder.« Und in der vom II. Vaticanum formulierten und von Papst Paul VI. promulgierten Erklärung *Nostra aetate* steht der wichtige Satz: »Die Kirche Christi entdeckt ihre ›Bindung‹ zum Judentum, indem sie sich auf ihr eigenes Geheimnis besinnt.« Das Geheimnis des Christentums steht in einem engen, untrennbaren Zusammenhang zum Judentum. Die Bibel besteht aus Altem und Neuem Testament und kennt kein drittes Testament mit Namen Koran. Um die Kritik am »fundamentalistischen Islam« als populistisch zu verketzern, relativiert Oechslen die besondere Beziehung des Christentums zum Judentum.

Ein zweites Beispiel liefert ein Interview des Tagesspiegels mit dem Berliner Bischof Markus Dröge zum Reformationstag 2017: »Wenn heute Menschen an mich herantreten, gerade aus dem rechtspopulistischen Lager, und sagen, die Kirche soll sich um das Seelenheil kümmern und nicht ständig in die Politik hineinreden, dann haben wir uns dagegen deutlich zu verwahren.« Das ist erst einmal richtig. Die Kirche kann sich nicht verbieten lassen, Stellung zu politischen Problemen zu beziehen. Die Frage ist nur, wie sie das tut. Sie sollte, wie schon mehrfach herausgestellt, nicht parteipolitisch sprechen und nicht die Gesellschaft in Lager einteilen und sich dabei das Recht herausnehmen zu bestimmen, wer in welches Lager gehört. Vor allem aber sollte sie nicht, wie *Dröges Antwort impliziert,* Kritik an politischen Verlautbarungen von Kirchenvertretern sofort mit *Rechtspopulismus* in Zusammenhang bringen. Damit würgt man von vornherein jede Diskussion ab und entzieht sich der Auseinandersetzung. Möglich wäre doch auch zu sagen: Gegen die Forderung, dass Kirche sich ums Seelenheil kümmern und nicht ständig in die Politik hineinreden solle, möchte ich folgende Argumente ins Feld führen. Damit wäre die Debatte ohne Stigmatisierung eröffnet, und man könnte ausführen, was das sogenannte »Seelenheil«, selbst ein oft nur polemisch benutzter Begriff, mit dem christlichen Gewissen und das wiederum mit der Politik zu tun hat. Man könnte darauf hinweisen, dass schon die SED-Führung die DDR-Kirchen unablässig in ähnlicher Weise vermahnt hat. Danach allerdings müsste man konkret fragen: Welche politische Äußerung eines Kirchenvertreters wird aus welchen Gründen kritisiert? Oder wird gar kritisiert, dass Kirche sich *vornehmlich* politisch äußert und das in immer gleicher parteipolitischer Ausrichtung? Das scheint mir die Stoßrichtung von Wolfgang Schäubles Buch »Protestantismus und Politik« zu sein, der ja sicher nicht aus dem »rechtspopulistischen Lager« stammt.

Was aber ist eigentlich eine politische Äußerung? Wenn Bischof Dröge im genannten Interview darauf abhebt, die inzwischen vielleicht wieder revolutionäre Botschaft sei, »dass wir für die Menschenwürde jedes Menschen eintreten und nicht nur für die, die uns nahe sind«, dann ist das theoretisch völlig korrekt. Es bedeutet, dass ich als einzelner Christ niemanden grundsätzlich davon ausschließe, mein Nächster werden zu können. Politisch aber wird eine solche Aussage erst, wenn es darum geht, welche *praktischen* Konsequenzen aus ihr für staatliches Handeln gezogen werden. Weder ein einzelner Christ noch der deutsche Staat ist in der Lage, den reichlich sieben Milliarden Menschen auf der Welt praktische Unterstützung zu leisten. In der Praxis also muss ausgewählt und begrenzt werden. Und dafür benötigen wir Rechtssetzungen. Darüber ist der politische Streit zu führen. Allgemeine universalistische Aussagen in diesem Zusammenhang sind per se *unpolitisch*! Denn Politik ist die Kunst des Möglichen. Die politische Debatte fängt erst bei den Grenzziehungen und Abwägungsprozessen an. Da aber hilft der Verweis auf die Bibel und vor allem auf die Bergpredigt im Einzelnen nicht mehr weiter.

Wenn sich die kirchlichen Eliten mit den politischen Eliten verbinden, eine allzu große Nähe eingehen und fragwürdige theologische Aussagen treffen, um parteipolitische Vorstellungen zu propagieren, dann begibt sich die Kirche in die babylonische Gefangenschaft der Politik. In diesem Zusammenhang ist Martin Luthers große reformatorische Schrift »De captivitate babylonica ecclesiae« aktuell, in der davor gewarnt wird, dass sich die Kirche verführen lässt, sich wie ein weltlicher Machthaber zu verhalten und politisch zu agieren. Wovor Kirche in jedem Fall Abstand zu halten hat, ist vor der Macht. Macht strebt immer zum Absoluten und muss daher durch das Prinzip des Wechsels gebändigt und durch den demokratischen Mechanismus des *check and balances* begrenzt werden. Die fehlende Begrenzung von Macht bringt nicht nur einen modernen Absolutismus hervor, sondern wirkt sich auf die demokratischen Prozesse sklerotisch aus. Im Sondierungspapier von CDU/CSU und SPD vom 12. Januar 2018 heißt es: »Die Tagesordnung der Kabinettssitzungen soll den Fraktionen vorab mitgeteilt werden. Im Bundestag und in allen von ihm beschickten Gremien stimmen die Koalitionsfraktionen einheitlich ab.«[91] Im Grundgesetz Artikel 38 heißt es, dass die Abgeordneten des Deutschen Bundestages nicht »an Aufträge und Weisungen gebunden und nur ihrem Gewissen unterworfen« sind. Festzulegen, wie Abgeordnete abzustimmen haben, ist grundgesetzwidrig. Doch scheint das Grundgesetz ohnehin aus der Mode gekommen zu sein. Dieser Eindruck entsteht, wenn im Sondierungspapier »deutsche Bürger«, die für das Grundgesetz der Souverän sind, nicht vorkommen, sondern von Bürgern nur im Zusammenhang mit der EU oder mit Steuern gesprochen wird, ansonsten dort, wo Bürger stehen müsste, nur »hier lebende Menschen« benannt werden. Den Gipfelpunkt erreicht der Funktionärspaternalismus, wenn es heißt, dass »wir uns als Bündnis der Demokratie für die Menschen in unserem Land verstehen«. Was ist das für eine Demokratie, die den Bürger nicht mehr kennt? Der Sozialdemokrat Heiner Flassbeck schrieb kürzlich im Cicero: »Es ist eben nicht alles gut, und deswegen muss derjenige, der nichts anderes im Sinn hat, als sein eigenes Tun zu rechtfertigen, die Probleme vollständig ignorieren oder sie mit leeren und verqueren Sprüchen überkleistern.« Er führt als Beispiel an: »Angela Merkel geht in ihr dreizehntes Jahr als Bundeskanzlerin und Steinmeier ist seit fast zwanzig Jahren an der Spitze der Macht. Wolfgang Schäuble, als der Dritte im Bunde, hat mindestens vierzig Jahre in wichtigen Positionen auf dem Buckel. Sie haben im wahrsten Sinne des schönen deutschen Wortes ›ausgedient‹. Sie fördern die ohnehin schon verbreitete Politikverdrossenheit und müssen Platz machen, damit das Land aus seiner selbstgewählten Lethargie aufgeweckt werden kann.«[92] Das System der Machtbegrenzung wird aufgrund eines über die Parteigrenzen hinweggehenden informellen Korporatismus außer Kraft gesetzt. Problematisch für die Demokratie ist, dass der gewiss nicht falsche Eindruck entsteht, dass die Chefs der verschiedenen Parteien und nicht wenige Abgeordnete einander näher sind als ihren Wählern.

Sie hält das gleiche soziale und berufliche Interesse zusammen. Das ist menschlich verständlich, aber langfristig politisch schädlich. So scheute der letzte Bundestag große parlamentarische Debatten wie der Teufel das Weihwasser. Ganz gleich, wie man zur Flüchtlingspolitik der Bundesregierung steht, spricht es doch Bände, dass die große und durchaus disparate Zahl der Stimmen in der Gesellschaft, die diese Politik ablehnen, im Parlament keine Vertretung fanden. Der Bundestag bildete nicht mehr die Meinungspluralität der Bürger ab, sondern lediglich das gleiche Interesse einer inzwischen weitgehend homogenen sozialen Gruppe. Das wirkt sich als Störung des Repräsentationsprinzips aus.

Der klassische Weg eines Politikers läuft über die Mitgliedschaft in einer Jugendorganisation der betreffenden Partei, ein Politikwissenschaftsstudium oder ein Jurastudium, über ein paar Jahre Arbeit für einen Abgeordneten oder eine gewisse Zeit als Praktikant o. Ä. in einer parteinahen Stiftung, bevor man einen Wahlkreis zugeteilt bekommt oder ihn sich erkämpft. Die Disziplinierung des Abgeordneten erfolgt über die Platzierung auf der Landesliste. Sie kann den Einzug ins Parlament garantieren oder eben auch nicht. Alle Lebenserfahrungen werden praktisch in den Parteien gesammelt, und die sozialen Kontakte gehen zumeist über den politisch-medialen Bereich nicht hinaus. In dieser Filterblase kommt man schnell zu der Überzeugung, dass der Bürger zu blöd ist, die weise Politik der Abgeordneten zu verstehen. Es erstaunt daher auch nicht, dass die Politik derzeit hauptsächlich Vermittlungsprobleme sieht, aber keine inhaltlichen, obwohl doch jedes Vermittlungsproblem zuallererst ein inhaltliches Problem ist. Heiner Flassbeck gibt den folgenden Rat: »Es ist von vorneherein zu verhindern, dass aus politischem Engagement ein lebenslang ausgeübter Beruf wird. Niemand sollte etwa ohne ausreichende Lebenserfahrung in anderen Bereichen Abgeordneter oder Minister werden können. Wer mit 25 Jahren schon im Bundestag sitzt, hat sein ganzes Leben lang keine Chance mehr, ein normales Arbeitsverhältnis kennenzulernen. Er ist damit Gefangener des Parteiensystems und kann niemals mehr eine eigene von der Parteiraison abweichende Meinung äußern, ohne seine Lebensgrundlage zu gefährden.«[93]

Und so wundert es nicht, wenn die »Politiker-Ausbildung« dahin geht, dem Bürger politische Entscheidungen als zu seinem Besten getroffene zu vermitteln. Was aber nun, wenn der Bürger sie nicht für das Beste hält? Dann setzt die kritische Reflexion über Entscheidungen, die von Bürgern in signifikanter Zahl abgelehnt werden, nicht am Inhalt der Entscheidung selbst an, sondern wird als Kommunikationsproblem verharmlost. Der Bürger hat nicht verstanden. Die Politikelite konstatiert bestenfalls, dass sie sich wohl nicht klar genug verständlich gemacht habe. Im Grunde aber stört der Bürger nur im Politikbetrieb. Deshalb wird er zunehmend durch den Begriff Mensch ersetzt. Das ist keine bloß stilistische Frage. Es dokumentiert vielmehr die Sichtweise eines sozial-paternalistischen Staates, für den die Menschen in seinem Land hauptsächlich zu alimentierende Schutzbefohlene sind – bis auf diejenigen, von deren Steuern das System lebt. Schon in der DDR sprachen SED-Funktionäre gern von »unseren Menschen«.

So wichtig die Begrenzung von Amtszeiten ist, um zu verhindern, dass sich eine Funktionärsschicht quer über

Parteien hinweg bildet und »vereint«, so sehr liegt das Problem doch tiefer. Es begann 1968, es begann mit einer Generation, die ihre Herrschaft durch Vatermord erkämpfte. Die erste Hälfte ihres Lebens lebte sie von ihren Eltern und die zweite Hälfte lebt diese Generation von ihren Enkeln. Sie hat durch ihren siegreichen Marsch durch die Institutionen – gerade in den bildungsrelevanten Bereichen wie Schule, Universität und in den Medien – einer Ideologie zum Sieg verholfen, die oft als rot-grüner Mainstream bezeichnen wird. Deren Wirklichkeitsfremdheit und die daraus resultierenden verheerenden Folgen auf die deutsche Gesellschaft sind von Tag zu Tag immer augenscheinlicher zu besichtigen. Unter rot-grünem Mainstream wird weder ein klassisch linkes oder sozialdemokratisches Denken verstanden, sondern eine Ideologie, deren Ziel darin besteht, Politik für Minderheiten auf Kosten der Mehrheit zu machen und deren Subjekt das »Ökowohlfühlwohlstandsbürgertum« (Sarah Wagenknecht) ist.

Die linke, amerikanische Soziologin Nancy Fraser konstatiert in ihrem bemerkenswerten Aufsatz »Vom Regen des progressiven Neoliberalismus in die Traufe des reaktionären Populismus« eine Reihe »politischer Erdbeben« in jüngster Zeit, wie die Wahl Donald Trumps, den Brexit, die Kampagne von Bernie Sanders, die Ablehnung der Renzi-Reformen sowie die wachsende Zustimmung zum Front National in Frankreich. Wahrscheinlich hätte sie auch den Wahlsieg der AfD zur Bundestagswahl am 24. September 2017 mit aufgezählt. »Auch wenn die zugrunde liegenden Ideologien und Ziele jeweils andere sind, signalisieren all diese Aufstände der Wähler dasselbe: die Ablehnung der konzerngetriebenen Globalisierung und des Neoliberalismus sowie der politischen Eliten, die sie betreiben.« Dieser Aufstand der Wähler, dieses Wahlverhalten ist für Fraser »subjektive Gegenwehr gegen die objektive Strukturkrise«. Frasers Befund: Diese Wähler »lehnten sich gegen ihre politischen Herren auf«.[94] Es haben sich mächtige Institutionen gebildet. Auf wirtschaftlichem Gebiet zählen dazu große Konzerne, international agierende Hedgefonds und Investmentbanken. Zu ihnen gehören auf politischem Gebiet die EU-Verwaltung, Lobbytruppen, die als NGOs daherkommen, aber strikt politische Zielsetzungen verfolgen, teils bestens finanziert werden, obwohl sie nach außen das Robin-Hood-Image pflegen. Abgekoppelt davon sind 80 Prozent der Bevölkerung, die in den Großstädten, allerdings weniger in den Innenstädten oder Szenevierteln wohnen, in den kleinen Städten und auf den Dörfern, die ihren Berufen nachgehen, ob als Handwerker, Verkäufer, Bauer, Busfahrer, Notarzt, Krankenschwester etc., in Familien leben und Kinder erziehen. Sie haben mit der schicken globalisierten Welt der Eliten nur so viel zu tun, als sie Letztere finanzieren.

Doch wer bildet dieses neue Establishment, das sich mit dem alten Klassenkampfmodell von Proletarier und Kapitalisten, mit Zuordnungen wie links oder rechts, oben oder unten längst nicht mehr beschreiben lässt? Nancy Fraser erteilt folgende Auskunft: »Die US-amerikanische Form des progressiven Neoliberalismus beruht auf dem Bündnis ›neuer sozialer Bewegungen‹ (Feminismus, Antirassismus, LGBTQ) mit Vertretern hoch technisierter, ›symbolischer‹ und dienstleistungsbasierter Wirtschaftssektoren (Wall Street, Silicon Valley, Medien- und Kulturindustrie etc.). In dieser Allianz verbinden sich echte progressive Kräfte mit einer ›wissensbasierten Wirtschaft‹ und insbesondere dem Finanzwesen.«[95] Über Barack Obama urteilt Fraser: »Die Politik Clintons, von seinen Nachfolgern einschließlich Barack Obama fortgeführt, bewirkte eine Verschlechterung der Lebensverhältnisse *aller* Arbeitnehmer, besonders aber der Beschäftigten in der industriellen Produktion.« Mehr noch: »Sie setzen Emanzipation mit dem gesellschaftlichen Aufstieg der ›Begabten‹ unter den Frauen, Minderheiten und Homosexuellen gleich und wollen die *The-winner-takes-all*-Hierarchie nicht mehr abschaffen.«[96]

Dieses Establishment betreibt rigorose Minderheitenpolitik gegen die Interessen der Mehrheit. Frasers Analyse dieses Bündnisses liefert eine Erklärung für die schwierige Situation der SPD und der Linken und à la longue auch der Kirche, wenn sich ihre Vertreter dieser neuen Elite zugehörig fühlen. Haben sich die Parteiführungen der Linken und der SPD gefragt, inwieweit es im Interesse ihrer Klientel liegt, wenn immer mehr unqualifizierte Menschen in das Land und in die Sozialsysteme geholt werden? Wenn der Verdrängungswettbewerb auf dem Wohnungsmarkt, in den sozialen Transfers stattfindet und die Kinder ihrer klassischen Klientel in immer schlechtere Schulen gehen? Der ehemalige Innenminister Thomas de Maizière hatte bereits 2015 davon gesprochen, dass man aufgrund der Integration sehr vieler Migranten die Bildungsstandards wird senken müssen. Die sozialdemokratische Bildungssenatorin von Bremen sieht die Hauptaufgabe von Bildung nicht in der Vorbereitung auf die Berufsausbildung oder auf das Studium, sondern in der Integration. Kann es tatsächlich im Interesse der klassischen Klientel dieser Parteien liegen, wenn die deutschen Sozialfonds und die Arbeitslosenversicherung europäisiert, d. h. vergemeinschaftet werden? Hoffen Linke und SPD tatsächlich, dass durch solche Politik die Minderheiten eines Tages zur Mehrheit und zu ihren neuen Wählern werden? Die SPD und die Linken haben die soziale Frage vergessen, sie haben die Menschen, für die sie Politik machen, aus den Augen verloren. Dadurch verlieren sie den Boden unter den Füßen. Und auch die Kirche, scheint es, will eher die Gemeinden loswerden durch immer neue Zusammenlegungen und Einsparung von Pfarrern, als die wunderlichsten Sonderpfarrstellen und politischen Einrichtungen zu reduzieren.

Wenn aber die kleine globalisierungswillige Elite, dieses neue Establishment, nicht begreift, dass die meisten Bürger in diesem Land eine funktionierende Infrastruktur, ein gutes Gesundheits- und ein gutes Bildungssystem, in summa einen funktionierenden Staat brauchen, dann sind ihre Tage gezählt. Wenn sie nicht die Aufgabe erkennt, die Hoheitsrechte des Staates durchzusetzen, was an den Grenzen beginnt, und eine solidarische Absicherung seiner Bürger glaubhaft und gerecht zu organisieren versteht, wird sie stürzen. Sie muss wie eine Grundrechenart die fundamentale Wahrheit wieder erlernen, dass man keinen Sozialstaat bei offenen Grenzen erhalten kann, wie das Milton Friedman in einem bissigen Bonmot formulierte. Sie hat endlich die simple ökonomische Wahrheit zu verstehen, dass die Menschen, die auf einen Sozialstaat angewiesen sind, einen Nationalstaat benötigen. Sie muss einsehen, dass es asozial und undemokratisch ist, die Abschaffung des Nationalstaates zu fordern.[97] Der Theologe Günter Thomas urteilt zu Recht über die »radikalen moralischen Universalisten innerhalb und außerhalb der Kirchen«: »Sie wollen nicht anerkennen, dass sich die Einlösung von Menschenrechten und Anerkennung der Menschenwürde nirgendwo anders als in eben solchen nationalstaatlich begrenzten Verantwortungsräumen vollzieht.«[98] Die Linke, und das ist nicht nur parteipolitisch gemeint, hier ist die SPD ausdrücklich mit einbezogen, darf vor der Erkenntnis nicht länger die Augen verschließen, dass nur der Nationalstaat den Sozialstaat garantieren kann. Freilich waltet darin kein Automatismus, nicht jeder Nationalstaat ist auch ein Sozialstaat, aber es existiert kein Sozialstaat außerhalb eines Nationalstaats. Der Sozialdemokrat Julian Nida-Rümelin gibt zu bedenken: »Grenzen sind in unserer lebensweltlichen Moral tief verwurzelt und sie sind ein konstitutives Merkmal von Staatlichkeit. Grenzen schützen individuelle und kollektive Autonomie. Politische Gestaltungskraft ist Voraussetzung kollektiver Autonomie, diese gerät jedoch in Konflikt mit einer Praxis offener Grenzen.« Der Nationalstaat wäre recht verstanden ein urlinkes Projekt. – Die Grünen haben *übrigens* dieses Problem nicht, sie sind nach Frasers Definition in Deutschland die Partei des Neoliberalismus.

Um noch etwas konkreter zu werden. Der Soziologe Wolfgang Streeck, beschreibt die Situation so: »Die Hochphase der Globalisierung begünstigte die Etablierung einer kosmopolitisch orientierten Bewusstseinsindustrie, die ihre Wachstumschancen darin sah, den Expansionsdrang kapitalistischer Märkte mit den libertären Werten der sozialen Revolution der sechziger und siebziger Jahre sowie deren utopischen Versprechen menschlicher Befreiung aufzuladen. Dabei verschmolz die technokratische *pensée unique* des Neoliberalismus mit dem moralischen *juste milieu* einer internationalistischen Diskursgemeinschaft. Die so etablierte Lufthoheit über den Seminartischen dient heute als Operationsbasis in einem Kulturkampf besonderer Art, in dem die Moralisierung des global expandierenden Kapitalismus mit einer Demoralisierung derjenigen einhergeht, die ihre Interessen von diesem verletzt finden.«[99] Wenn denn Kirche das Gebot der Nächstenliebe ernst nimmt und sich politisch engagiert, d. h. sich christlich engagieren will, müsste sie sich dann nicht an die Seite derjenigen stellen, deren Interessen verletzt werden, anstatt danach zu trachten, zum »Justemilieu« zu gehören? Das würde verlangen, zuallererst in der Flüchtlingsfrage eine realistische Position zu beziehen.

Wolfgang Streeck diagnostiziert einen Riss »zwischen denen, die andere als ›Populisten‹ bezeichnen, und denen, die von ihnen als solche bezeichnet werden«, und sieht in diesem Riss, »die dominante politische Konfliktlinie in den Krisengesellschaften des Finanzkapitalismus«[100]. Insofern soll das Wort »Populismus« nichts erklären, sondern lediglich die eigene Position ohne Diskussion und Begründung absichern, weil dort, wo keine Argumente mehr gefunden werden, ein Anathema gebraucht wird. Der Ketzer ist der Ketzer ist der Ketzer, weil er der Häretiker ist. In der Tautologie wird die Logik besonders zwingend. Streecks Beobachtung gewinnt für die vorliegende Betrachtung eine außerordentliche Bedeutung, weil sie die Frage aufwirft, ob sich auch in der Kirche, dieser »Riss«, diese »Konfliktlinie« bildet. Wenn Kirchenfunktionäre gedankenlos die neusten Wortschöpfungen der Politikwissenschaft aufgreifen und sich parteipolitisch vereinnahmen lassen oder selbst parteipolitisch agieren wollen im Sinne des oben skizzierten Establishments, dann wird sich auch in der Kirche diese »Konfliktlinie« auftun. Kirchenfunktionäre würden mit ihrem Beitritt zu dem von Nancy Fraser definierten Establishment praktisch dementieren, was sie sozial fordern. Insofern fragt es sich, ob die Idee, Barack Obama auf den Kirchentag 2017 einzuladen und schöne Bilder mit ihm und Frau Merkel zu produzieren, die beste war. Denn welches Signal wird damit ausgesendet? Die Kirche Hand in Hand mit dem rot-grünen Establishment? In diesen Zusammenhang gehört auch, dass Barack Obamas soziales Engagement oft weit überhöht wird. Richtig ist, dass er nach Frasers Beschreibung ein Mann des neuen Establishments ist. So erinnert Wolfgang Streeck daran, dass unter Barack Obama die »Durchdringung der Regierungsapparate durch frühere und zukünftige Goldman-Sachs-Manager« nach der Finanzkrise 2008 »in Anerkennung ihres unentbehrlichen Expertenwissens« weiterging, als wäre nichts geschehen. »Obamas Justizminister, Eric Holder, kehrte nach sieben Jahren, in denen kein einziger Bankmanager vor Gericht gestellt worden war, in die auf die Verteidigung von Bankmanagern spezialisierte Anwaltskanzlei in New York zu einem fürstlichen Millionengehalt zurück.«[101]

DIE KIRCHE UND DIE NEUE ELITE

Wir leben in sich grundlegend ändernden Zeiten. Eine neue Elite ist zur Herrschaft gekommen und sie scheint diese Herrschaft mit allen Mitteln verteidigen zu wollen. Mittels Gesetzen wie dem Netzdurchwirkungsgesetz und der Erfindung immer neuer politischer Kampfbegriffe wie »postfaktisch« und »Rechtspopulismus«, vereinzelt wie ein Feigenblatt auch »Linkspopulismus«, versucht sie die Deutungshoheit zu verteidigen. Was sich allerdings auch ändert, ist, dass es nicht mehr genügt, die Medien auf seiner Seite zu haben. Wenn die ARD-Reporterin den grünen Bundeskongress 2018 im Abendprogramm in einer panegyrischen und distanzlosen Art bejubelt, dass sich selbst Journalistenkollegen fremdschämen, dann macht sich die ARD zur Presseabteilung der grünen Partei, wie gespottet wurde. Mit dieser Form von politischer Didaktik und Parteinahme gerät das journalistische Ansehen der öffentlich-rechtlichen Sender ins Wanken. Der Staatsminister des Landes Sachsen-Anhalt, Rainer Robra, sagte in einem Interview mit mir: »Damit erodiert die unerlässliche Legitimationsbasis der Anstalten. Sie genießen zurzeit nicht das notwendige Grundvertrauen der Gesellschaft.«

Gerade die Kirchenleitungen sollten sich die Entwicklung der Medien, die Partei ergreifen und sich als Partei empfinden, sehr genau ansehen, denn durch überwiegend einseitige und tendenziöse Berichterstattung nimmt der Vertrauensverlust der Medien spürbar zu. An die Stelle des klassischen Journalismus treten zunehmend die sozialen Medien. Problematisch an ihnen ist, dass sie zwischen Stammtisch und Informationsverteilern oszillieren. Dieser Trend wird in Deutschland gerade dadurch verstärkt, dass Journalisten, dass Fernseh-, Rundfunk-, Zeitungs- und Zeitschriftenredaktionen nicht der Versuchung widerstehen können, mit den Mitteln des Journalismus selbst Politik zu machen. Die Feuerprobe dafür, mit den Mitteln des Journalismus Politik zu betreiben, stellte die Jagd auf den Bundespräsidenten Christian Wulff dar, der schließlich dem Dauerfeuer der Presse nicht mehr standhielt und zurücktrat. Sie erreichte in der Flüchtlingskrise Höhepunkt um Höhepunkt, um den Preis allerdings eines rapiden Akzeptanzverlustes. Journalisten berichten, dass der Konformitätsdruck in den Redaktionen inzwischen so hoch ist, dass sie nicht mehr ihre Meinung sagen, geschweige denn schreiben. In manchen Redaktionen gelten die Bürger als Idioten, als Pack, das nichts begreift. Die Wut entsteht aus dem Phantomschmerz, spürbar an Bedeutung zu verlieren. Schuld ist natürlich der Bürger, nicht der aktivistische Journalist. Mit der Öffnung der Landesgrenze für jeden, der ohne irgendeinen Nachweis das Zauberwort »Asyl« aussprach, forderten Journalisten wie Georg Dietz im SPIEGEL, dass es nicht mehr um unparteiische, objektive Berichterstattung ginge, sondern erklärten den hippokratischen Eid der Journalisten, den Hajo Friedrichs so glänzend und für alle Zeiten formuliert hatte, für ungültig. Friedrichs hatte in einem Interview dem SPIEGEL gesagt: »Das hab' ich in meinen fünf Jahren bei der BBC in London gelernt: Distanz halten, sich nicht gemeinmachen mit einer Sache, auch nicht mit einer guten, nicht in öffentliche Betroffenheit versinken, im Umgang mit Katastrophen cool bleiben, ohne kalt zu sein. Nur so schaffst du es, dass die Zuschauer dir vertrauen, dich zu einem Familienmitglied machen, dich jeden Abend einschalten und dir zuhören.«[102] Achtzehn Jahre später schreibt der SPIEGEL-Kolumnist Georg Dietz: »Was heißt es zum Beispiel, wenn der Feuilletonchef der *Süddeutschen Zeitung* meint, ein Journalist dürfe sich nicht mit einer Sache gemeinmachen, auch nicht mit einer guten? Der Journalist dürfe, mit anderen Worten, nicht zum Aktivisten werden.« Die Antwort des Kolumnisten darauf impliziert, dass im Grunde Objektivität nicht mehr vonnöten ist: »Abgesehen von den theoretischen Problemen, etwa festzulegen, was ›Objektivität‹ je war außer eine Maske der Macht, oder der Frage, wie man das ›Richtige‹ und damit ›Gute‹ überhaupt erkennen kann und wie man das dann, wenn man es erkannt hat, ignorieren soll – es findet ja längst statt.« Der grammatikalisch schwierige und inhaltlich verschwiemelte Satz dokumentiert, dass Dietz nicht den geringsten Begriff von Objektivität besitzt, was für einen Journalisten erstaunlich ist. Objektivität ist ein Verfahren, um das, was ist, möglichst adäquat zu beschreiben. Das kann nur gelingen, indem man erstens Distanz hält und zweitens so viele Perspektiven als möglich einnimmt. Unterschiedliche Gründe und Motivationen sind zu verstehen. Mit dem »Guten« und dem »Richtigen« hat das nichts zu tun, im Gegenteil, was gut und richtig ist, darf der Leser entscheiden. Der Journalist hat einen vorurteilsfreien und in jede Richtung recherchierten Bericht abzuliefern. Aber Dietz will nicht informieren, er will agitieren, bevormunden, vielleicht auch manipulieren. Würde er überzeugen, aufrufen wollen, so wäre das Genre das Pamphlet, die Streitschrift, der Essay, nicht aber die Berichterstattung und die Nachrichten. Wer als Journalist sich selbst zensiert, weil das, was er schreibt, der guten Sache dienen soll, wer eine Meldung oder ein Ereignis danach beurteilt, wem es nützen könnte, verwechselt Journalismus mit Propaganda. Dietz meint: »Um auf die neue Gegenwart zu reagieren, braucht es auch einen anderen Journalismus, analytischer, individualistischer, klarer, härter, aktivistischer, mutiger, offener, verständlicher, entschlossener, leidenschaftlicher.«[103] Dieser »andere Journalismus« würde jedoch aus politischer Motivation heraus Fake News produzieren. Er kennt den mündigen Leser nicht, nur den ständig zu belehrenden Lümmel, dem das Gute eingehämmert werden muss. Dieser sich so menschlich gebende Journalismus fußt auf einem fragwürdigen Menschenbild. Ihm ist nicht zu trauen, weil er uns sagen will, was wir denken sollen. Doch für den aktivistischen Journalisten hat das Ersetzen der Berichterstattung durch Propaganda längst eine existenzielle Dimension, denn er gehört in einer symbiotischen Form zum neuen Establishment, ist Teil der neuen Eliten und teilt demzufolge ihr Schicksal. Benötigt wird stattdessen ein sachlicher, um Objektivität ringender Journalismus. Es verhindert schließlich den Dialog und die Debatte in der Gesellschaft, wenn wir noch nicht einmal mehr Einigkeit darüber erzielen können, worüber wir reden, weil wir den Nachrichten nicht mehr trauen dürfen.

Die deutsche Gesellschaft gerät einmal durch die massenhafte Einwanderung in die Sozialsysteme und durch die schrittweise Auflösung des deutschen Nationalstaates unter Druck. Die Stärkung der Brüsseler Verwaltung, die Schaffung immer neuer informeller Strukturen wie den

ESM, die Übereinstimmung der Parteien in wesentlichen Fragen der Politik, was zum Fehlen einer wirklichen Opposition im letzten deutschen Bundestag führte, die Reduktion der demokratischen Einflussmöglichkeiten der Bürger, um nur einige Veränderungen zu benennen, lässt Wolfgang Streeck zu dem Befund kommen, dass wir in einer Postdemokratie leben. »Mit der neoliberalen Revolution und dem mit ihr verbundenen Übergang zur ›Postdemokratie‹ kam dann aber eine neue Art von politischem Betrug in die Welt, die *Expertenlüge*.«[104] Aus diesem »politischen Betrug« leiten sich dann alle Konstrukte von *postfaktisch* bis *Populismus* her. Unter Expertenlüge ist zu verstehen, dass dem staunenden Volke der Fachmann oder eine Studie präsentiert wird, der oder die auch die fragwürdigsten politischen Entscheidungen als vollkommen alternativlos darstellt. Streeck konstatiert, dass die Expertenlüge nach dem TINA-Schema funktioniert: *There Is No Alternative.* »Wer TINA dienen wollte, unter feierlichen Gesängen der vereinigten Ökonomen aller Länder, musste den Ausbruch des Kapitals in der Welt als ebenso gemeinnützige Notwendigkeit anerkennen und tatkräftig mithelfen, alle ihm entgegenstehenden Hindernisse aus dem Weg zu räumen.« Die »Expertenlüge« reduziert sich nicht nur auf die Wirtschaft, sondern bezieht sich auf alle Bereiche der Gesellschaft. Ihre Wirksamkeit beruht darauf, dass sich Menschen in einer komplexen und als weitaus komplexer dargestellten Welt zunehmend überfordert fühlen und sich nach »Experten« sehnen, »die es ja wissen müssen«, die es dann für sie richten. Hier treffen mindestens drei Wirkweisen zusammen.

Erstens werden bestimmte Probleme oder Themen absichtlich kompliziert dargestellt, um Ziele ohne tiefere

Nachfragen durchzusetzen. Das wird dann zu einem demokratischen Problem, wenn der Bundestag im ESM-Vertrag Teile seines Königsrechts, des Haushaltsrechts, an eine demokratisch nicht legitimierte Institution wie den ESM abtritt. Deutschland haftet offiziell mit 190 Milliarden Euro, nicht eingerechnet die Sonderprogramme. Es gelten für die Mitglieder des leitenden Gouverneursrates besondere Geheimhaltungsregeln, und sie sind durch Immunität davor geschützt, für ihre Handlungen Verantwortung übernehmen zu müssen. Der Vertragstext war im feinsten Juristenenglisch verfasst und wurde in nur drei Tagen durch den Bundestag gepeitscht. Bewundernswert die profunden Englischkenntnisse der Abgeordneten des deutschen Bundestag, die sicher wussten, was sie verabschiedeten.

In der Finanzkrise, schreiben Markus Brunnermeyer, Harold James und Jean-Pierre Landau in ihrem Buch über den Euro, hätte die Bundeskanzlerin den Experten im eigenen Haus misstraut und sich an Spitzenkräfte der Finanzbranche gewandt. Dass für die Banker ein Interessenkonflikt bestehen könnte, war ihr vermutlich nicht einmal bewusst. Das Ergebnis dieser Beratungen nutzt jedenfalls nicht dem deutschen Steuerzahler, der durch die Niedrigzinspolitik nicht nur enteignet wird, sondern dessen Altersrückstände massiv gefährdet werden. Beim Ankauf von Staatsanleihen aus Staaten der Eurozone muss kein Eigenkapital als Sicherung unterlegt werden, weil davon ausgegangen wird, dass es bei einem Staat der Eurozone keinen Zahlungsausfall gibt. Da die Staatsanleihen der Südländer wie Italien höher verzinst sind als die der Bundesbank, legten deutsche Rentenversicherer Pensionsgelder in südeuropäischen Staatsanleihen an. Sollte es aus Gründen der Überschuldung eines dieser Länder zu einem Schuldenschnitt kommt, beträfe das auch deutsche Pensionsfonds. Hinzu kommen Target2-Salden von aktuell 900 Milliarden Euro, für die der deutsche Steuerzahler aufkommen muss, wenn der Euro zerfällt. Target2 ist das Verrechnungssystem, das für den Zahlungsverkehr in der Eurozone steht. Banküberweisungen von einem Euroland in das andere erfolgen über Gutschriften der jeweiligen Zentralbank bei der EZB. Wenn eine Überweisung wegen des Kaufs einer Ware in ein anderes Euroland geht, wird dem Land, aus dem die Überweisung getätigt wird, ein Negativsaldo bei der EZB angerechnet, während das Land, in das die Überweisung geht, ein Positivsaldo erhält. Durch das große Ungleichgewicht bei Exporten und Importen, durch Kapitalflucht aus Südländern und die massiven Aufkäufe der EZB geriet das Target2-System in eine extreme Schieflage. Italien hat im November 2017 insgesamt ein Minussaldo, also Schulden von 435,9 Milliarden Euro, das kleine Griechenland 60,6 Milliarden Euro bei der EZB. Hingegen betrug das Positivsaldo, das Guthaben der Bundesbank bei der EZB im gleichen Zeitraum 855,5 Milliarden Euro, im Dezember 2017 übrigens schon 906,941 Milliarden Euro. Die Betrachtung der finanzpolitischen Initiativen und Wortmeldungen belegen, dass auf fiskalischem Weg Fakten geschaffen werden, zu denen es dann keine politische Alternative mehr gibt. Im Klartext: Technokraten, »Experten«, entscheiden über die Entwicklung Europas und nicht der europäische Souverän. An diesem Punkt wird die von Streeck beschriebene *Expertenlüge* im Dienste von TINA zu einem wichtigen Instrument der Politik. Zweitens werden Experten als wertneutral und politikunabhängig gesehen. Das Gegenteil ist der

Fall. Denn für die Richtung, in die Experten denken, existieren recht einfache Zielvorstellungen. Der Scherz: Sage mir, wer die Studie bezahlt, und ich sage dir, was drinsteht, ist nur die Übersetzung des alten Grundsatzes: Wes Brot ich ess, des Lied ich sing. Drittens schließlich besteht das Problem der Expertise darin, dass sie häufig zu schmal ist, Umfeld und Auswirkungen nicht bedenkt. Das geht einher mit einer abnehmenden Fähigkeit, in Zusammenhängen zu denken.

Der schöne Allparteientraum von der »Modernisierung Deutschlands« schlägt um in eine nachhaltige Staats- und Gesellschaftskrise, in deren Ergebnis es zu einer längeren Zeit der Wirren kommen wird. Man kann das auch *Epoche des Paradigmenwechsels* nennen oder wie Wolfgang Streeck im Rückgriff auf Antonio Gramsci vorschlägt: *Interregnum*. Es ist die Zeit, in der eine Ordnung unwirklich wird, immer weniger funktioniert, an Realität verliert und eine neue noch nicht sichtbar ist, es ist die Zeit des Dazwischenseins. Solche Zeiten sind immer gefährliche Zeiten, denn: »Wenn die herrschende Klasse den Konsens verloren hat, das heißt nicht mehr ›führend‹, sondern einzig herrschend ist, Inhaberin der reinen Zentralgewalt, bedeutet das gerade, dass die großen Massen sich von den traditionellen Ideologien entfernt haben, nicht mehr an das glauben, woran sie zuvor glaubten usw. Die Krise besteht gerade in der Tatsache, dass das Alte stirbt und das Neue nicht zur Welt kommen kann: in diesem Interregnum kommt es zu den unterschiedlichsten Krankheitserscheinungen.«[105] Die Eliten befinden sich aus der Lebenslüge heraus, ewig jung, ständig Avantgarde und progressiv zu sein – Mielke und Honecker sangen noch achtzigjährig: »Wir sind die junge Garde des Proletariats« –, in dem Irrtum, die gesellschaftliche Entwicklung voranzutreiben, und kämpfen dabei doch nur mit ihren alten Gespenstern. Tragisch wäre, wenn die Eliten im Kampf mit ihren eigenen Gespenstern die Gesellschaft zerstörten. »Bereits vor dem *Massenzustrom* von Menschen aus außereuropäischen Ländern seit dem Spätsommer 2015 waren erhebliche Anstrengungen politischer Parteien festzustellen, über den Zusammenhalt der Gesellschaft nachzudenken. Es fand eine Selbstvergewisserung über die Grundlagen des Zusammenhalts statt. In der empfundenen Verunsicherung über diese Grundlagen könnte auch eine Erklärung für die regressive Zurückweisung von Äußerungen und Standpunkten liegen, die von Sprachregelungen abweichen.«[106] Das schreibt Frank Schorkopf und vermutet darin eine »Furcht der Eliten«, »dass die gesellschaftlichen Bindekräfte ob der vielen Konflikte nicht ausreichen könnten«[107].

Symptome der Veränderungen werden nicht als solche ernst genommen, sondern als – falsche? – Ängste denunziert. Demnach finden in Deutschland keine Terroranschläge statt, sondern es existiert nur die irrationale Angst davor. Zuweilen gewinnt man den Eindruck, dass man den Opfern vorwirft, Opfer zu sein, weil das den »Rechten« Wasser auf ihre Mühlen gäbe. Die von einer rot-grünen Ideologie nicht vorgesehenen Opfer werden zu den falschen Opfern. So galt die erste Sorge des sozialdemokratischen Bürgermeisters von Kandel nicht den Eltern des ermordeten fünfzehnjährigen Mädchens, sondern der Furcht, dass die Tat ausgenutzt werden würde, um Flüchtlinge unter Generalverdacht zu stellen. Über die »falschen Ängste« schrieb die Regionalbischöfin von

Hannover Petra Bahr: »Wir sind nicht sterblicher als vorher, wir können vom Auto überfahren oder nach einem Gehirnschlag mitten an einem Montag tot umfallen.«[108] Die Opfer vom Breitscheidplatz, die Freiburger Studentin, das fünfzehnjährige Mädchen aus Kandel hätten natürlich auch Opfer eines Autounfalls werden können. Allein, sie sind es nicht. Statt einfach nur den Opfern beizustehen, scheinen einige Vertreter der Kirche eher für den Täterschutz einzutreten.[109] Das geschieht ganz nach dem Vorbild der Achtundsechziger, für die es eine anthropologische Kategorie wie Sünde nicht mehr gibt. Wer schuldig wird, ist eigentlich nicht schuld, die Gesellschaft, die Verhältnisse sind es. So wird jede individuelle Verantwortung desavouiert. Und noch die Täter werden zur schützenswerten Minderheit, die den paternalistischen Staat ins Recht setzt. Im übrigen war der 19. Dezember 2016, an dem zwölf Menschen auf einem Weihnachtsmarkt mitten in der deutschen Hauptstadt einem Terroranschlag zum Opfer fielen und 54 zum Teil schwer verletzt wurden, in der Tat ein Montag.

Das Schwadronieren über irrationale, wenn auch verständliche Ängste, das Schwelgen in peinlichen Küchenpsychologien, wie diese Ängste zu überwinden wären, schützt davor, der Realität ins Auge zu schauen, und ermöglicht es, weiterhin multikulturellen Träumen anzuhängen.[110] »Die tiefere Ursache liegt in einer intellektuellen Fehlleistung gesellschaftlicher Eliten, die sich auf einen romantischen Überschuss in deren politischen Haltungen gründet«, schreibt der Göttinger Europarechtler Frank Schorkopf.[111] Zu den Träumen der Regionalbischöfin Petra Bahr zählt ein Wunsch, der ihres Erachtens alle Probleme auf einen Schlag lösen würde, dass alle

Deutschen zu Flüchtlingshelfern würden.[112] Wie oben schon erwähnt, forderte die Integrationsbeauftragte der Bundesregierung mit den Flüchtlings- und Migrantenorganisationen, Integration als Staatsziel im Grundgesetz zu definieren. Damit das gelinge, solle an die Stelle von Gleichberechtigung eine positive Diskriminierung derer treten, »die schon länger hier leben«. Nur durch die Schaffung von Bürokratiemonstern wie eines eigenständigen Diversifizierungsbeauftragten, der auf allen Ebenen parallel zum Gleichstellungsbeauftragten agiert und durch die positive Diskriminierung, also durch die drastische Benachteiligung derer, die schon länger hier leben, wird sich Aydan Özoguz' Vorstellung von Integration verwirklichen lassen.[113] Man darf bei Einstellungen im öffentlichen Dienst schon jetzt auf die Diskussion zwischen der Gleichstellungsbeauftragten und der Diversifizierungsbeauftragten gespannt sein, ob die Frau ohne Migrationshintergrund oder der Mann mit Migrationshintergrund politisch geeigneter für die Stellung ist. Sticht Migrantenquote Frauenquote? Allerdings soll der Diversifizierungsbeauftragte nicht nur im öffentlichen Dienst, sondern in jeder Firma jeder Größe angesiedelt werden, um mit über Einstellungen zu entscheiden und darauf zu achten, dass der eingestellte Migrant nicht benachteiligt wird und seine Rechte geschützt werden. Die Millionensummen, die diese neuen Flüchtlings- und Migrantenverbände vom deutschen Steuerzahler fordern, sind in das Papier bereits eingestellt. Das sind keine Fake News, jeder kann es auf der Homepage der Bundesregierung nachlesen.

Im Übrigen ist in diesem Papier viel von Teilhabe, vom Haben und vom Bekommen die Rede, von Ansprüchen und Forderungen, doch in dem ganzen Dokument des radikalen Umbaus unserer Gesellschaft findet sich nicht einmal das Wort vom Geben, nichts davon, was man zu geben und beizutragen bereit ist. Das kann nicht ohne erhebliche Verwerfungen abgehen. Deshalb hat der Politikwissenschaftler Yascha Mounk am 22. Februar 2018 den deutschen Bürgern in den Tagesthemen schon einmal erklärt, »dass wir hier ein historisch einzigartiges Experiment wagen, und zwar eine monoethnische, monokulturelle Demokratie in eine multiethnische zu verwandeln. Das kann klappen. Es wird, glaube ich, auch klappen. Aber dabei kommt es natürlich auch zu vielen Verwerfungen.« Wenn das der Plan des politischen Establishments ist, hat es vergessen, den Souverän zu fragen. Unterstützt die Kirche die neuen Eliten bei einem »historisch einzigartigem Experiment«, bei dem es zu »vielen Verwerfungen« kommen wird? Diese »Verwerfungen« sind übrigens täglich stärker im Alltag zu beobachten. Zu ihren Resultaten wird die Entchristlichung des Landes bei zunehmender Dominanz des Islam mit all seinen Wertvorstellungen gerade hinsichtlich der Rechte der Frauen, hinsichtlich der Toleranz gehören. Sicher ist auch der Islam nicht monolitisch und verfügt über ein breites Spektrum, doch darf man nicht die Augen vor der Tatsache verschließen, dass der Euro-Islam eine schwere Niederlage hinnehmen musste, dass der, wie Bassam Tibi sagt, »Kopftuch-Islam« gesiegt hat.

Wenn die Kirche aus Gründen der Kultursensibilität, der Feigheit hier Kompromisse eingeht, um am Traum vom Religionsgespräch unter allen Umständen festzuhalten, gibt sie sich selber auf. Zuallererst hat die Kirche der Freiheit die Freiheit zu verteidigen. Die Flüchtlingspolitik der Bundesregierung, mit der eine unübersehbare

Stärkung des Islam einhergeht, denn Einwanderung heißt spätestens seit 2015 zu 90 Prozent Einwanderung von Muslimen, die von den Kirchenleitungen unterstützt wird, wird das Land wirtschaftlich, mental-kulturell und politisch überfordern. »Die Staatsgewalt erscheint ratlos, Verfassungsprinzipien wie das Demokratie- und Rechtsstaatsprinzip geraten durch die Wucht der Ereignisse unter Druck. Der Rechtsstaat ist im Begriff, sich im Kontext der Flüchtlingskrise zu verflüchtigen, weil geltendes Recht faktisch außer Kraft gesetzt wird. Regierung und Exekutive treffen ihre Entscheidungen am demokratisch legitimierten Gesetzgeber vorbei, staatsfinanzierte Medien üben sich in Hofberichterstattung, das Volk wird stummer Zeuge der Erosion seiner kollektiven Identität. Was bleibt, ist Verunsicherung; was droht, ist die wachsende Radikalisierung; was nottut, ist das Aufzeigen Orientierung stiftender Perspektiven.« Das ist die Diagnose der Juristen Otto Deppenheuer und Christoph Grabenwarter.[114]

Auf diesem Handlungsfeld wachsen der Kirche wichtige Funktionen der Irenik, der Vermittlung, der Orientierung zu. Diese Möglichkeit darf sie nicht verspielen, indem sie aus einer romantischen Verirrung heraus, die im Überschwang moralistischer Überhöhung nicht mehr wahrgenommen wird, die Spaltung der Gesellschaft mit vorantreibt und so *mutatis mutandis* auch zur Spaltung und Verzwergung der Kirche beiträgt. »Müsste sich also nicht der deutsche Protestantismus in einem Akt radikaler und selbstkritischer Ehrlichkeit von dem so anmaßenden wie übergriffigen, so verführerischen wie hypertrophen Begriff der Weltverantwortung verabschieden?«, fragt der Theologe Günter Thomas.[115] Sollte meine Kirche sich wirklich zur Partei in dieser Angelegenheit machen aufgrund eines falsch verstandenen christlichen Menschenbildes, das in Wahrheit nicht auf Realismus, sondern auf Heroisierung und entsprechend dazu auf Selbstheroisierung beruht? Aufgrund eines Traums von Weltverantwortung? »So ist es gerade die Grenzenlosigkeit der Verantwortung, die diese Verantwortung unspezifisch und flüchtig machen würde und so eine tiefe Kluft zwischen moralischem Pathos und konkreter Einlösung der Gestaltungsansprüche aufreißt.«[116] Sollte sich meine Kirche hier überfordern und damit das Gute, das sie gern tun möchte, verfehlen?

Die Flüchtlingskrise, die erst jetzt mit der Ankunft der Flüchtlinge im Alltag richtig beginnt und sich durch einen weiterhin starken Zustrom verstärkt, wird zum Katalysator für die anderen schwelenden Krisen: der Euro- und EU-Krise, der Finanzkrise, der Infrastruktur- und Bildungskrise, dem Wohnungsmangel und der allgemeinen Wertekrise. Schaut man hinter die einzelnen Krisen, wird der Umbruch deutlich, in den die Gesellschaft geraten ist, muss man zur Kenntnis nehmen, dass Geschichte wieder anhebt. Gesellschaften benötigen ein Minimum an Konsens, an gemeinsamen Werten. Dieser Konsens schwindet, weil die gemeinsamen Werte sich auflösen, zu Schemen werden, zu Metaphern, zu Slogans, zu Phrasen, zu Streitäxten, die aus Totschlagargumenten gemacht werden. Die zunehmende Fragwürdigkeit und Fragilität des Gesellschaftssystems und der grundlegenden Weltanschauung führt zu tiefgreifenden Diskussionen. Ob die Debatten im Plenum oder auf den Plätzen geführt werden, mit Argumenten oder mit Gewalt, hängt davon ab, inwieweit die Gesellschaft ihre Diskursfähigkeit bewahrt.

Es ist nicht die Aufgabe der Kirche, Öl ins Feuer zu gießen, sondern zu vermitteln, nicht theologische Begründungen für ein Feindbild zu liefern, sondern auszugleichen. Dazu muss Kirche aus dem Glauben heraus agieren, indem sie aus dem Verständnis heraus, dass »christliche Ethik ... das Wirklichwerden der Offenbarungswirklichkeit Gottes in Christus unter seinen Geschöpfen« ist[117], an Gottes Offenbarung anschließt und ihre Aufgaben in das Zentrum ihrer Tätigkeit rückt. Diese Aufgaben sind in erster Linie Seelsorge, Gottesdienst, Bildung, Diakonie, Bibelstudium und Mission. Es gibt keinen authentischeren und keinen größeren Beitrag, den Kirche in der Gesellschaft leisten kann, und keine tiefere Hinwendung zum Glauben in praxi. Der letzte Zweck ist eben nicht die Gesellschaft, sondern Christi Nachfolge. Der Nutzen für die Gesellschaft ergibt sich daraus dann ganz von selbst. Nichtintentionalität ist hier das Schlüsselwort.

An den wenigen in dieser Streitschrift angerissenen Themen wird deutlich, dass Deutschland sich in einer großen Veränderung befindet. Die sogenannten Eliten sind immer weniger in der Lage, ihren Aufgaben nachzukommen, und – typisch für Gesellschaften im Umbruch – setzen sie ihre Energie nicht für die Lösung, sondern für die Vertuschung von Problemen ein. Das führt notwendig zu einer Erosion des Vertrauens und des Schwindens von Autorität. In diesem Vakuum des Interregnums kommt der Kirche als sinnstiftende und dadurch mediatisierende Instanz eine große Aufgabe zu. Sie kann sie aber nur wahrnehmen, wenn die Kirchenleitung nicht Partei ergreift und so selbst im Sinne Gramscis »herrschende Klasse« oder eben Establishment wird. Oft wird, wenn das sogenannte »prophetische Wächteramt« der Kirche ins Feld geführt wird, vergessen, dass prophetisches Reden immer exklusiv und niemals inklusiv erfolgt. Der Prophet ist derjenige, der den Eliten widerspricht und gerade nicht versucht, deren Meinung unters Volk zu bringen. Hierin unterscheiden sich Propheten von Propagandisten.

Es ist Aufgabe der Kirche, Christi Botschaft folgend zu vereinen, was sich zunächst trennen wird. Dabei ist es unerheblich, inwieweit die Bürger auch Christen sind, sie an Gott glauben oder nicht. Die Kirche ist nämlich in einem viel tieferen und universellen Sinn unsere Identität, das Eigene, das, worauf unsere Gesellschaft beruht. Es ist schon schlimm, dass die politischen Parteien das zu vergessen scheinen, weit schlimmer ist es aber, wenn nicht einmal mehr die Kirchen sich daran erinnern oder sich nicht trauen, sich und andere daran zu erinnern.

In dem Moment nämlich, in dem alle Gemeinsamkeiten gekappt worden sind, wird es auf die Kirche in Deutschland ankommen. Es wird sich dann zeigen, ob sie größer ist als ihre Zeit, ob das Licht von Gottes Reich durch sie hindurch auf die Welt zu scheinen vermag, ob sie, die den Weg der Deutschen in die Geschichte von Anfang an begleitet hat, weiter verlässlicher Gefährte bleibt. Die Stunde der Kirche wird anbrechen und es wäre katastrophal, wenn sie dann nicht auf ihrem Posten stünde, sondern sich in die politischen Büsche der Parteien geschlagen hätte. Kirche wäre mit Blindheit geschlagen, wenn sie ihre Rettung darin zu finden meinte, die »Hauptabteilung Kirchen« im Kanzleramt zu werden. Die Analyse der Gegenwart lässt nur eine Schlussfolgerung zu: weg von der Macht, Distanz zu den Eliten, hin zum Evangelium, hin zu Paulus – und für uns evangelische Christen: hin zu Martin Luther.

Denken wir also nun darüber nach, wie Kirche in diesem Prozess der Veränderung, der Krisen und Verwerfungen wieder zum Integrator werden, wie sie Halt und Orientierung geben und so Christi Auftrag erfüllen kann.

RAUS AUS DER KIRCHE ODER REIN IN DIE KIRCHE?

In ihrem Grußwort an die Kreissynode, zu der ich als Redner eingeladen war, rief eine Oberkirchenrätin ausgehend von dem so häufig missverstandenen Wort *Ecclesia semper reformanda* die Synodalen dazu auf, doch mit ihr eine Bestandsaufnahme der Kirche vorzunehmen, meinte aber keine wirkliche Inventur, sondern nur, dass sie den muffigen Gebäuden den Rücken zukehren und sich von dem »alten Plunder«, den man nun schon so lange mit sich herumschleppe, zu befreien wünsche. Sie wolle künftig mit leichtem Gepäck reisen, sagte sie in leichter Sprache. Mit leuchtenden Augen kleidete sie ihre Vision der Zukunft der Kirche in ein Erlebnis. Auf den Kölner Rheinwiesen hätte sie ein Pastorenehepaar entdeckt, das sein altes Sofa auf den Rasen gestellt, sich darauf gesetzt und ein Schild daneben aufgestellt hatte, auf dem stand: »Pfarrer hat gerade Zeit für ein Gespräch.« Dieses Erlebnis wurde ihr zum Sinnbild einer neuen Kirche. Doch ist der Pfarrer der Zukunft derjenige, der auf den Rheinwiesen sitzt und gerade Zeit für ein Gespräch hat? Reicht das? Geht man da nicht lieber zum Psychotherapeuten, dort ist es immerhin auch im Winter warm. Worum geht es im Glauben? Einfach um irgendein Gespräch? Oder um das Gespräch mit Gott, worin ein guter Seelsorger unterstützen kann, wobei er zu helfen vermag, auch zu leiten und anzuleiten, nicht aber, weil er »gerade mal Zeit«

hat, sondern weil genau das seine Zeit ausfüllt. Würde das Verlassen der Kirche, die Revision des Glaubens und der Glaubensinhalte nicht zu einer Kirche der »neuen Heiden« führen, wie Joseph Ratzinger befürchtet? Würde man nicht zugleich die Demokratie innerhalb der Kirche schleifen? Denn wo die Gemeinden – der alte Ballast – geschwächt werden, wird die Bürokratie übermächtig. Temporäre Gemeinden auf Zeit, zufällig zusammengekommen, würden zum Anhängsel einer Kirchenbürokratie, die sich mit dem Geist Gottes verwechselnd über der Welt schwebte.

So wurde in der Rheinischen Landeskirche versucht, mit dem Großprojekt »Leichtes Gepäck« die Gemeinden zu schwächen. Der Pfarrer i. R. Manfred Alberti schreibt darüber: »Kaum jemand hat sich vor fünf Jahren vorstellen können, dass die Presbyterien und Gemeinden als die bislang tragende Grundlage der Rheinischen Kirche innerhalb von fünf Jahren ihrer Kraft und ihres Einflusses beraubt werden könnten. Sie sind unwichtig geworden, so unwichtig, dass bei dem derzeitigen Großprojekt ›Leichtes Gepäck‹ kein einziger Vertreter aus der Gemeindeebene, kein Presbyteriumsvorsitzender, kein Kirchmeister, kein Gemeindepfarrer mit am Tisch sitzt und Aspekte aus Gemeindesicht ›von unten‹ einbringen könnte.« Er fragt danach: »Was ist dann die Konsequenz, wenn (kirchliche) Gesetze weitgehend durch Vorschlagsregelungen ersetzt werden sollen und wenn die Kirchenordnung und das Lebensordnungsgesetz reduziert werden auf wenige Leitlinien?« Und er befürchtet: »Die kirchliche Mittelebene, die Kirchenkreisverwaltung, entscheidet dann anhand von Leitlinien oder Vorschlägen, was richtig ist. Diese Beschlussempfehlungen sollte das ›Leitungsorgan‹, also der

Kreissynodalvorstand oder die Presbyterien, ohne Veränderungen wortwörtlich übernehmen. Ein solcher Beschluss gilt als genehmigt und braucht keine besondere kirchenamtliche Genehmigung durch Superintendenten oder die Landeskirche mehr (Leitlinie 1, S. 6).« So kommt er zu dem Schluss: »Die Aufsichtsfunktion des LKA oben ist weitgehend abgeschafft, die Gemeinden unten haben eh keine Rechte mehr, und wo sie noch Rechte haben, wie beim Haushalt, wird die Haushaltserstellung so schwierig und kompliziert gemacht, dass sie kaum noch ein Presbyter oder Pfarrer verstehen kann.« Das führt dazu: »Nicht mehr der Beschluss des Presbyteriums oder des KSV wird verwaltungsmäßig umgesetzt, sondern das Presbyterium hakt den Beschlussvorschlag der Verwaltung ab. So ist die Rheinische Kirche auf dem Wege zur Verwaltungskirche. Presbyteriale und synodale Entscheidungen sind nur noch nach Vorgabe der Verwaltung möglich.«[118]

Das Vorgehen der Rheinischen Landeskirche liegt im Trend. Die Gemeinden schwächt man, indem man neue temporäre Gemeinden in Krankenhäusern etc. schafft, die allerdings von den Kirchensteuern unterhalten werden, die von den Mitgliedern der Ortsgemeinden zu entrichten sind. Wie das Beispiel der Rheinischen Landeskirche zeigt, geht es darum, den Kirchenapparat auf Kosten der demokratischen Rechte der Gemeinden zu stärken. Dass Gemeinden die Steuern entzogen und ihnen Mittel zugeteilt werden, stärkt zuallererst den Apparat, der verteilt. Hier muss eine Umkehr erfolgen. Generell gilt: Es hat mehr Geld in den Gemeinden zu bleiben, wobei die Idee eines Gemeindefinanzausgleiches zu stärken ist. Der Apparat der Kirche ist zu verschlanken und Anstrengungen zu unternehmen, dass mehr Pfarrer in den Gemeinden tätig werden. Denn die Ortsgemeinden sind das Herz der Kirche. Die Sonderpfarrerstellen sind hingegen zu reduzieren. Denn was werden Kulturbeauftragte, Gleichstellungsbeauftragte, Islambeauftragte, Integrationsbeauftragte usw. noch nützen, wenn es keine Gemeinden mehr gibt – oder nur noch evangelikale und charismatische, die sich um derlei kirchenamtlich Beauftragte sowieso nicht kümmern

Gäbe es genügend Pfarrer in den Gemeinden, dann wäre es möglich, dass sie auch Gemeindemitglieder, die nicht mehr oder zurzeit nicht in die Kirche gehen können, zu Hause oder im Krankenhaus zu besuchen, mit ihnen auf Wunsch auch dort das Abendmahl feiern. Dazu bedarf es keiner temporären Gemeinden. Nicht der Pfarrer, der gerade Zeit für ein Gespräch hat, ist notwendig, sondern eine Personaldecke, die erlaubt, dass die Gemeindepfarrer immer Zeit für ein Gespräch haben. Die beiden wichtigsten Aufgaben der Kirche bestehen in der Stärkung der Ortsgemeinden und in der Mission.

Der Verein Kirchenbunt e. V., der sich im Rheinland gegen das Projekt »Leichtes Gepäck« gewehrt hat, konnte einen ersten Erfolg verbuchen. Die Landessynode der Rheinischen Kirche stoppte das Projekt zugunsten eines Erprobungsgesetzes, das den Gemeinden mehr Mitspracherechte einräumt und mithin die Unterschiedlichkeit der Gemeinden würdigt.[119]

Wichtig für den Bestand der Kirche ist es, dass Ortsgemeinden stärker ihre Vorstellungen formulieren und sich hierfür Vertretungen schaffen, wie es in der Rheinischen Kirche mit dem Verein Kirchenbunt e. V. geschehen ist. Es ist dem zu wehren, dass Ortsgemeinden zugunsten von temporären Gemeinden geschwächt werden. Es ist denjenigen in den Weg zu treten, die alle Grenzen niederreißen möchten, denen, die keinen Einspruch aus den Gemeinden dulden und für die Kirche nur noch eine Folge von mehr oder weniger triumphalistischen Happenings unter freiem Himmel ist, ein politisch korrekter, aber unverbindlicher Wohlfühlprotestantismus. Raus aus der Kirche wird jedoch nicht der Weg zur Rettung der Kirche sein. Raus aus der Kirche bedeutet nicht mehr und nicht weniger als eben: raus aus der Kirche, raus aus dem Glauben. Eine Kirche, die sich von allem befreien möchte, was gerade nicht dem Zeitgeist entspricht, erinnert – nett gesagt – an den törichten Hans im Glück aus dem Märchen, der seine erworbenen und erarbeiteten Güter für Tand gibt, bis er nichts mehr hat und alles verliert: die Kirche, den Glauben, die Seligkeit. Weniger nett gesagt, gleicht sie dem Manne, der aus lauter Angst vor dem Tod Selbstmord begeht.

Aus Furcht, dass die Kirche bedeutungslos werden könnte, macht sie sich klein, indem sie sich all dessen beraubt, was ihr Bedeutung verleiht. Die Anpassung an den Zeitgeist vergisst nicht nur, dass Zeitgeist nichts anderes ist als Zeit minus Geist, sondern dass dieses Appeasement einem der elementaren Glaubenssätze widerspricht, der da lautet: »Der Stein, den die Bauleute verworfen haben, ist zum Eckstein geworden. Das ist vom Herrn geschehen und ist ein Wunder vor unseren Augen.« (Psalm 118,22– 23).

Das Leben der Kirche entspringt aus den Ortsgemeinden, in ihnen entscheidet sich die Zukunft der Kirche, weil in ihnen die Menschen den Glauben leben. Der Ort des Glaubens findet sich genau dort. Deshalb kann also die Losung nicht lauten: »Raus aus der Kirche!«, sondern sie muss heißen: »Rein in die Kirche!«. Darunter ist natürlich nicht zu verstehen, dass man sich in den Kirchen einigeln und auf jede Mission, auf jede Werbung und Wirkung verzichten solle. Aber jede Wirkung hat eine Quelle – und die Quelle ist der in den Ortsgemeinden gelebte Glaube.

Das Reden über den Glauben überlagert der Lärm moralisierender Stellungnahmen. Und wenn doch Gedanken über den Glauben durchdringen, dann werden die Aussagen von einer freundlichen Harmlosigkeit orchestriert, die zudem noch den Eindruck erweckt, als habe man das alles wortwörtlich in tausend protestantischen Poesiealben bereits gelesen. Man fühlt sich in den Konfirmationsunterricht zurückversetzt. Ein bisschen sich Mühe geben, ein bisschen freundlich sein – das genügt vollkommen.

Jemand sagte vor kurzem, die Kirche benötigt einen neuen Kierkegaard, einen, der schonungslos die Zumutung des Glaubens anspricht und die existenziellen, heute uns sogar unangenehmen und befremdenden Passagen wieder ernst nimmt und nicht wegtheologisiert oder wegmoralisiert, denn das Theologische läuft Gefahr, im Ethischen aufgelöst zu werden. Glaube jedoch ist keine theoretische Größe, sondern die Praxis aus der neuen Perspektive, die man gewonnen hat, in der Welt zu handeln. Kirche, die sich in der Verantwortung des Glaubens sieht, hat sich vor allem auf ihre sechs Hauptaufgaben zu konzentrieren, auf Gottesdienst, Bibelstudium, Seelsorge, Diakonie, Bildung und Mission. Diese Aufgaben sind der Kirche eigentliches Betätigungsfeld – und es ist wahrlich nicht klein, sondern höchst anspruchsvoll. Das zu vernachlässigen, bedeutet in letzter Konsequenz, sich selbst aufzugeben. Diese großen Aufgaben anzugehen, benötigt den Glauben, kann nur aus dem Glauben heraus erfolgen und ist zugleich gelebter Glaube. Doch sehen wir uns kurz die Hauptaufgaben der Kirche an, die schließlich in einer einzigen münden.

Über die ersten fünf Punkte, die implizit wie alles Tun der Kirche missionarische Aspekte haben, handle ich im Folgenden, der expliziten Mission ist ein eigenes Kapitel, das letzte, gewidmet – nicht, weil es wichtiger wäre als Gottesdienst, Seelsorge usw., sondern weil es das derzeit am meisten vernachlässigte in unserer Kirche ist.

Wie zentral der *Gottesdienst* ist, wird klar, wenn man das Wort wörtlich nimmt: Es geht um den »Dienst an Gott«, soll heißen, um das Lob Gottes. Hier kommt die Gemeinde im Glauben zusammen. Wo aber die Gemeinde zusammenkommt, da ist Christus anwesend. Der Gottesdienst ermöglicht die Erfahrung und Vergegenwärtigung Christi. Er muss nur Gottesdienst und nicht Menschendienst oder gar Parteidienst sein. Und natürlich geht das, was wir Gottesdienst nennen, über den Sonntagvormittag hinaus.[120] Doch für das Bleiben im Glauben und für die Weitergabe des Glaubens an die Kinder ist der Gottesdienstbesuch notwendig. Er ist im Protestantismus kein Zwang, er darf aber auch nicht vernachlässigt werden. Hier liegt ein Problem. In unserer höchst individualisierten Welt wird auch der Gottesdienst nicht mehr recht ernst genommen, was den überall zu besichtigenden Traditionsabbruch verschärft. Die Formen des Gottesdienstes müssen in unserer Zeit vielfältig sein, so vielfältig wie die Menschen und ihre Geschmäcker. Doch sollte man die klassische Form des lutherischen Gottesdienstes mit großer Liturgie und wunderbarer Musik nicht geringschätzen, sie ermöglicht nach wie vor das Erleben evangelischer Frömmigkeit in herausragender Weise. Dafür plädiert beispielsweise der junge Lutherforscher Benjamin Hasselhorn in seinem 2017 erschienenen streitbaren Buch »Ende des Luthertums?«.

In meiner Gemeinde erlebe ich Predigten, die kathartisch wirken, und nicht selten empfinde ich gerade die Predigt als Reinigung. Es kann nicht genug Wert auf die Liturgie gelegt werden, die kein Selbstzweck, sondern Christi Vergegenwärtigung ist. Vergegenwärtigung bedeutet, dass ich die Heilszusage immer wieder aktuell erfahre und mithin mein Glaube gestärkt wird. Eine Kirche, die lax mit der Liturgie umgeht, begeht einen Fehler. Im Zentrum des Gottesdienstes aber – ob in der Predigt, dem Gesang oder der Liturgie – steht die Erfahrung des trinitarischen Gottes.

Aus meiner Beobachtung existieren eine Vielzahl wichtiger und auch großartiger Initiativen, Christen immer wieder an die Lektüre der Bibel heranzuführen, die Bibel in den Mittelpunkt zu stellen, dennoch muss die *Bibel* im Sinne des lutherischen Grundsatzes *sola scriptura* verstanden werden. Alle Versuche, an der Bibel herumzugendern, sind gescheitert, weil sie weder dem Glauben noch Gottes Offenbarung gerecht werden. Projekte wie die Bibel in gerechter Sprache verfälschen die Geschichte und opfern Gottes Wort einer Ideologie zuliebe, die unchristlich ist. Bei aller Toleranz hat laut Bibel Gott die Menschen als Mann und Frau und nicht als 99 Geschlechter erschaffen. Eine Kirche der Freiheit darf sich nicht einer totalitären Ideologie wie dem Gendermainstreaming unterwerfen. Einen wirklichen Leuchtturm des Reformationsjubiläums hingegen stellt die Revision der Lutherbibel unter der Leitung von Professor Christoph Kähler dar. Hier werden die Frauen sprachsensibel berücksichtigt, wo es nötig ist, ohne dass es zu ideologisierenden Unsinnigkeiten kommt. Gleichzeitig werden die zeitgeistigen Modernismen der Revision von 1984 weitgehend zurückgenommen. Auf Kählers 2016 erschienenes Büchlein »Ein Buch mit sieben Siegeln. Die Bibel verstehen und auslegen« sei ausdrücklich hingewiesen. Die Bibel ist eigentlich kein Buch, sondern eine ganze Bibliothek, die man niemals ganz durchforschen kann. Deshalb ist es wichtig, beim Studium der Bibel die Christen zu befähigen, diese Bibliothek zu entdecken. Sich heute mit der Bibel zu beschäftigen, gelingt nicht, wenn man schwierige Geschichten wie das Isaakopfer zu umgehen oder zu metaphorisieren sucht. Die Fähigkeit der Unterscheidung zwischen Denotat und Konnotat hilft, die historischen Konnotationen zu verstehen, um die heutige Botschaft zu entdecken. Den Christen ist mit der Bibel ein Schatz gegeben, den haben sie zu hüten und von ihm den rechten Gebrauch zu machen. Es scheint so zu sein, dass die Bibellektüre für nachwachsende Generationen immer schwieriger wird, weil die Schulbildung notwendige Kenntnisse nicht mehr bereitstellt. Das Lesen der Bibel wird wieder erlernt werden müssen. Man sollte nicht versuchen, die Bibel in eine leichte Sprache zu zwängen, sondern die Christen befähigen, das Alte und Neue Testament in exzellenter und adäquater Übersetzung zu lesen, mehr noch: zu entdecken.

In einer Welt, die existenzielle Grundtatsachen des menschlichen Lebens wie Krankheit, Leid, Altern und Tod aus der gesellschaftlichen Wahrnehmung zu verdrängen sucht und in spezielle separierte Bereiche wie Pflegeheime und Palliativstationen verschiebt, meint man, auf *Seelsorge* verzichten zu können. Damit erfährt das Leben einen Bruch. Es wird fragmentarisiert und verliert seine Ganzheit. Glauben aber richtet sich an die Gesamtheit des menschlichen Lebens mit all seinen Facetten, den schönen und den unschönen. »In jenen alten Zeiten war es anders, damals war der Glaube eine Aufgabe fürs ganze Leben, weil man annahm, die Fertigkeit zu glauben lasse sich weder in Tagen noch in Wochen erwerben«[121], gibt Kierkegaard in »Furcht und Zittern« zu bedenken. In diesem lesenswerten Essay spricht der Däne über die Konsequenz des Glaubens, der übrigens nicht nur eine Aufgabe für das ganze Leben, sondern auch des ganzen Lebens ist, weil er alle Bereiche des Lebens umfasst. Weil man nur ganz glauben kann, lässt sich kein Bereich aussparen. Hier öffnet sich ein großes Konfliktfeld, in dem Seelsorge agieren muss. Deshalb gehört die Seelsorge zu den sechs Kernaufgaben der Kirche, die weit stärker zu fördern ist. Seelsorge darf mit Diakonie nicht verwechselt werden. Gerade in der sich atomisierenden Gesellschaft wird Glauben als Anker des Menschen umso wichtiger. Der Boom der Ratgeberliteratur und die Hinwendung zu esoterischen Ersatzreligionen belegen die Verunsicherung des Menschen und die metaphysische Not. Das alles unter der Suche nach Lebenssinn zu fassen, greift zur kurz. Dass diesseitszentrierte Ideologien wie der Nationalsozialismus oder der Kommunismus religiöse Formen übernahmen und ein Paradies in Form der Volksgemeinschaft oder der kommunistischen Gesellschaft anboten, geht weit über das hinaus, was man unter Lebenssinn fassen kann. Sie versuchten paradoxerweise, eine diesseitige Metaphysik zu entwickeln. In der metaphysischen Sehnsucht des Menschen findet sich der Ort des Glaubens. Nennen wir den Ort Seele. Ihr gilt die Sorge als Ort des Glaubens.

Der Mensch ist auch deshalb verunsichert, weil ihm nichts mehr zugetraut wird. Wir können nichts mehr allein und benötigen für alles einen Fachmann. Seelsorge hingegen kann sich dem Menschen in seiner Ganzheit nähern und auch in extremen Lebenssituationen beistehen, ihnen dabei helfen, diese Situationen aus dem Glauben heraus zu bewältigen. Für die Seelen sorgen kann aber nur eine Kirche, die den Glauben ernst nimmt und in ihm nicht etwas sieht, das irgendwie auch noch zu leisten ist, ein lästiges Relikt aus der Vergangenheit. Für die Seelsorge aber ist das maßgebende Institut der Glaube und nicht die Moral.

Seelsorge ist natürlich implizit auch Mission, denn so wie Kirche mit ihren Mitgliedern umgeht, erweist sich Kirche als Kirche. So wie sich Kirche selbst als Kirche und eben nicht als Moralagentur sieht, so wird sie wahrgenommen, geachtet oder auch nicht. Seelsorge stärkt die Gemeinden und erhöht auch die Wirkung nach außen, wird so Teil der Mission, indem Kirche nicht unter falscher Flagge segelt, sondern ihrer Aufgabe der Verkündigung von Christi Heilszusage gerecht wird. Seelsorge ist praktische Verkündigung.

Förderung der Seelsorge bedeutet zuallererst die Bereitstellung der nötigen Ressourcen, die Verstärkung der Gemeindearbeit durch mehr und gut ausgebildete Seelsorger. Sicher kann man sich keine Pfarrer backen, was man aber kann, ist, für den Beruf zu werben, was auch zu dem großen Aufgabenfeld der Mission gehört. Man muss unbedingt den Beruf des Pfarrers mit Blick auf Arbeitslast, Vergütung und Wertschätzung attraktiver gestalten. Der ist kein wahrer Bischof, der nicht jeden Tag einen Kotau vor den Gemeindepfarrern macht.

Die finanziellen Mittel wären vorhanden, wenn man sie richtig einsetzte. Richtig einsetzen bedeutet: keine teuren Großevents wie der Kirchentag 2017 in Berlin, der nicht nur für Freude sorgte, sondern in seiner politischen Ausrichtung von nicht wenigen als grüner Parteitag empfunden wurde. So schrieb Ferdinand Knauss in einer Kolumne für die Wirtschaftswoche: »Ist es ein purer Zufall, dass es in keiner dieser Veranstaltungen um Seelsorge, die Bibel, Jesus, Gottvater oder sonst ein religiöses Thema geht? ... Eine Theologin aus Australien erklärt im Vortrag, dass der Klimawandel eine ›neue Theologie‹ notwendig mache. Und mit einem ›Mitmachangebot‹ können Jugendliche lernen, ›einen Tag ohne Handy‹ zu überleben ... Nein, auch in den Tiefen des Kirchentagsprogrammes ist von Jesus nicht viel zu lesen. Wer Gott sucht und von religiösen Fragen umgetrieben wird, findet hier kaum ein Angebot. Der Tod zum Beispiel, dessen Schrecken vermutlich am Anfang jeder Religion steht, und dessen Überwindung durch Jesus Christus der Kern der christlichen Heilsbotschaft ist, kommt im gesamten Programm auf über 570 Seiten nur dreimal vor. Nur zwei Veranstaltungen von mehr als tausend dieses Kirchentages befassen sich mit ›Auferstehung‹. Bei einem davon geht es sinnigerweise um die Fernsehserie ›Game of Thrones‹.« So kommt Knauss zu dem Fazit: »Dieser Kirchentag zeigt vor allem eines: Wenn das evangelische Christentum (und das katholische nicht weniger) eines nötig hat, dann Besinnung aufs Kerngeschäft. Auf die Bibel, auf Seelsorge, auf Gott.«[122]

Die *Diakonie* hat nicht nur sehr wichtige Aufgaben für Menschen in unserem Land zu erfüllen, sie ist praktizierte Nächstenliebe und damit auch Mission. Welche enorme Wirkung gerade die Arbeit der Diakonie hat, wird deutlich, wenn man bedenkt, dass sie zehn Millionen Menschen hilft, für sie in Beratung, Pflege, Betreuung und medizinischer Versorgung da ist. Zu den über 500 000 Angestellten der Diakonie treten noch einmal über 700 000 ehrenamtliche Helfer. Allein schon die unmittelbare Nähe zu Menschen, die der Hilfe bedürfen, dokumentiert ihre Bedeutung und verlangt, dass die Kirche hier besonders sensibel agiert. Darauf zu bestehen, ist heute sehr wichtig, denn gute Sozialarbeit machen auch andere. In der Diakonie wird Nächstenliebe direkt und im ursprünglichen Sinne praktiziert. Wenn Kirche in der Diakonie versagt, braucht sie das Wort Nächstenliebe nicht mehr in den Mund zu nehmen.

Wenn man bedenkt, wie wichtig *Bildung* ist und wie wenig Richtiges und wie viel Falsches der Staat hier unternimmt, gehört Bildung zu den Aufgaben, in denen Kirche immer stärker tätig werden muss. Gerade Martin Luther und Philipp Melanchthon hoben nicht nur den Wert der Bildung hervor, sondern kämpften dafür, dass jedes Kind, ganz gleich, ob die Eltern reich oder arm, gleich welchen Geschlechtes es war, eine fundierte Schulbildung erhalten sollten und führte die Schulpflicht für Jungen und Mädchen ein. Von Martin Luther und Philipp Melanchthon kann der Staat, aber auch die Kirche immer noch sehr viel lernen. Gottseidank existieren hervorragende evangelische Kitas, Schulen und Gymnasien. Sie tragen viel dazu bei, christliche Grundkenntnisse zu vermitteln, aber auch eine ethische Orientierung, der in säkularen Bezügen das Fundament fehlt. Deshalb hat die Kirche den großen Auftrag, Bildungsinhalte mitzubestimmen. Dabei muss sie sich auch gegen Verirrungen stellen wie die Frühsexualisierung der Kinder, die Indoktrination durch eine totalitäre Genderideologie oder eine schädliche Egalisierungspädagogik. Sie muss als Institution aufstehen gegen dubiose Lehrmethoden und Lehrinhalte.

Wenn im brandenburgischen Lehrplan praktisch der Geschichtsunterricht abgeschafft wird, weil Geschichte nicht mehr chronologisch in ihrer Entwicklung, sondern themenbezogen gelehrt wird, dann geht die Fähigkeit zur Orientierung in der Geschichte und zum Denken in Zusammenhängen verloren. Themenbezogen bedeutet, dass im Unterricht nur noch Themen gelehrt werden, beispielsweise das Thema Armut im Mittelalter und in der Neuzeit. Dieser Unfug führt dazu, dass die Kinder nichts mehr über Geschichte lernen. Da sie immer weniger Lesen, Schreiben und Rechnen lernen, mag das den Bildungspolitikern als lässliche Sünde erscheinen. Hauptsache, die Ideologie stimmt – und die Statistik. Unentwegt werden ja in Deutschland Bildungsinhalte ermäßigt, damit gute Noten herauskommen. Aktive Bildungspolitik bedeutet, über die Inhalte und Strukturen zu debattieren. Das beginnt bei der Einsparung von Lehrern, die dazu geführt hat, dass heute fast jeder ohne besondere Qualifikation unterrichten darf. Und es endet bei zweifelhaften, ideologiegetriebenen pädagogischen Experimenten wie Flexklassen, Erlernen des Schreibens nach Gehör, Verbot des Diktatschreibens, Abschaffung der Schreibschrift, Schaffung eines dem Wissenserwerb hinderlichen Zwangssystems von Gesellschafts- und Naturwissenschaften als große Unterrichtskomplexe. Letzteres wird mit der Behauptung gerechtfertigt, dass Schüler dadurch lernen, über den Tellerrand zu denken, was aber nichts nützt, wenn sie nicht zuvor gelehrt bekamen, was der Teller ist.

Kirche sitzt hier allerdings zum Teil im Glashaus. Wenn im Religionsunterricht an einem evangelischen Gymnasium mit den Schülern nicht zuallererst das christliche Glaubensbekenntnis durchgenommen wird, sondern sie für einen Test den Anfang der eröffnenden Sure des Koran, also das muslimische Glaubensbekenntnis auswendig zu lernen haben, dann kann von christlicher Erziehung keine Rede sein. Besonders dann nicht, wenn man weiß, dass in Sure 1,6–8 (»Leite uns den rechten Pfad, den Pfad derer, denen du gnädig bist, nicht derer, denen zu zürnst, und nicht der Irrenden.«) Christen gemeinsam mit den Juden als die charakterisiert werden, die auf dem falschen Weg sind. Der Politologe Hamed Abdel-Samad drückt sich diesbezüglich noch härter aus, indem er sagt, dass hier Christen und Juden »verflucht« werden.[123] Nach bis heute im weltweiten Islam vorherrschender Meinung sind mit »denen du zürnst« die Juden gemeint und mit »den Irrenden« die Christen.

Wesentlich stärker muss der christliche Glaube in seiner Größe und seiner unauslotbaren Tiefe in den Mittelpunkt der kirchlichen Arbeit gestellt werden – und zwar der Glaube in seiner ganzen Dimension, auch in seiner uns heute befremdenden Konsequenz. Denn: »Der Glaube ist ein Wunder, und doch ist kein Mensch davon ausgeschlossen; denn das, worin alles Menschenleben eins wird, ist in Leidenschaft, und der Glaube ist eine Leidenschaft.«[124] Aus Sorge, mit Glaubenssätzen, die nicht in das Raster allgemeiner gesellschaftlicher Nettigkeit passen, zu verschrecken oder anzuecken, zieht man sich gern auf eine propagierte angeblich allgemeine Moral zurück, die sich aus ihren Widersprüchen in eine Hypermoral rettend in den Himmel der Wünsche schraubt, um für jede

Anfrage unerreichbar zu werden. Es scheint, dass die Politisierung nur eine Flucht vor dem Glauben ist, an dessen Zeitgemäßheit man zweifelt. So verwundert es auch nicht, dass man vor dem autoritären Auftreten des Islam zurückschreckt und ihn hofiert.

Christusnachfolge wird in Esoterik aufgelöst, Christus selbst wird dabei zur Etikette für ein Sammelsurium zumeist ethisch determinierter Spiritualismen. Nichts exemplifiziert das besser als der Ausspruch eines Religionslehrers an einem evangelischen Gymnasium, der zu seinen Schülern sagte: »Über das Christentum müsst ihr nur wissen, das Christentum Nächstenliebe ist. Das genügt völlig.« In diesem Satz wird die Verschiebung vom christlichen Glauben hin zu einer christlich lackierten Moral deutlich. Das führt dann zum Wunsch, mal eben schnell die Welt zu retten. Der Slogan »Die Welt verändern« im Sinne von »retten« war 2017 allgegenwärtig. Der Ratsvorsitzende der EKD brachte es auf den Punkt: »Ich hätte gern den Eine-Welt-TÜV für Regierungsentscheidungen. Die Frage nach weltweiter Gerechtigkeit sollten wir nicht erst dann stellen, wenn hier Flüchtlinge vor der Tür stehen. Sondern wir müssen uns schon vorher klarmachen, ob Entscheidungen hierzulande – etwa zu den wirtschaftlichen Bedingungen des globalen Handels – auf Kosten derer gehen, die sowieso schon zu den Schwächsten gehören. Wenn durch unsere Entscheidung anderswo ihre Perspektive geraubt wird, ist nachträgliche Entwicklungshilfe keine Lösung.«[125] Schaffen wir das? Kann Deutschland die »wirtschaftlichen Bedingungen des globalen Handels« ändern? Hieße das nicht, massiven imperialistischen Zwang auf Länder wie China, Russland, Indien, die Türkei und auch die USA ausüben zu können? Bereits jetzt besteht eine höchst problematische Arbeitsteilung in Afrika, die immer stärker darauf hinausläuft, dass China ohne Rücksicht auf ethische Normen sich die Rohstoffe Afrikas sichert, sie fördert, während Deutschland zunehmend die Rolle des Sozialamtes übernimmt, zum einen in der Form von Entwicklungshilfe, von der zu viel auf die Konten korrupter afrikanischer Eliten fließt, zum anderen durch die Öffnung der Grenzen. Dabei sind nicht einmal hauptsächlich die Ärmsten der Armen und die Schwächsten der Schwachen seit 2015 nach Deutschland gekommen. Die haben es zumeist nicht nach Deutschland geschafft und harren immer noch in den Flüchtlingslagern in den Krisengebieten aus. So hat man durch die Öffnung der Grenzen die Balkanroute zum Pfad des Sozialdarwinismus gemacht, anstatt die Grenzen zu sichern und Kontingente, die man versorgen und integrieren kann, aus den Lagern zu holen, so wie es die Briten machen.

MISSION: WIE KIRCHE KIRCHE IST

Wie kann Kirche Christus gerecht werden und wahrhaft Kirche sein? Die Antwort darauf ist einfach. Sie findet sich im Evangelium des Matthäus 28,18–20:

> »Und Jesus trat hinzu, redete mit ihnen [den Jüngern] und sprach: Mir ist gegeben alle Gewalt im Himmel und auf Erden. Darum gehet hin und lehret alle Völker: taufet sie auf den Namen des Vaters und des Sohnes und des Heiligen Geistes und lehret sie halten alles, was ich euch befohlen habe. Und siehe, ich bin bei euch alle Tage bis an der Welt Ende.«

In diesen Sätzen stehen Verheißung und »Missionsbefehl« beieinander. Der Auftrag der Kirche besteht darin, *alle* Völker zu lehren, *allen* Völkern die frohe Botschaft zu bringen, dass ein jeder Erlösung findet, er durch Gott angenommen werden wird, wenn er durch den Sohn zum Vater kommt. Diese großartige Heilsverkündigung, dieses Heilsversprechen gilt für das Reich Gottes, ändert aber auch alles im Reich dieser Welt. Christus zu folgen, verändert die Perspektive und lehrt uns, aus dem Glauben heraus zu leben. Den Glauben findet Kirche, indem sie sich auf ihre Aufgaben besinnt, indem sie den Glauben mit jedem Gottesdienst, mit jedem Eintreten für die Schöpfung und für die Geschöpfe, mit dem Kampf um eine gute Bildung, mit der großen Sorge um die Seele, im Gebet und in der Offenbarung Gottes stets aufs Neue entdeckt. Dieses

Entdecken wird zum Anfang der Mission, die den Jüngern, den Aposteln und schließlich allen Christen und mithin der Kirche aufgetragen ist. Die Mission der Kirche lautet schlicht, allen Menschen das Evangelium zu bringen. Die Kirche hat um den Preis ihrer selbst willen nicht das Recht, von diesem Befehl abzurücken, sie würde dadurch ihren Zweck verlieren, sie würde sich verlieren. Glauben bedeutet, die Heilszusage Christi allen Menschen zu bringen; rückt sie davon ab, rückt sie vom Glauben ab. Mission gelingt jedoch nur auf leisen Sohlen, durch den Aufbau von Vertrauen, durch Glaubwürdigkeit. Sie verlangt von der Kirche nichts Geringeres, als sich des Glaubens würdig zu erweisen. Dann, aber auch nur dann, wird ihr geglaubt. Mission bedeutet nicht Proselytenmacherei, nicht Überredung, sondern Überzeugung. Das aber radikal. Die Kirche ist und bleibt nur Kirche, wenn die Glaubenden Zeugnis von ihrem Glauben ablegen.

In einer großen Rede auf der sogenannten Missionssynode der EKD 1999 in Leipzig hat der Tübinger Theologe Eberhard Jüngel darauf hingewiesen, dass die 6. Barmer These, »der gemäß es zu den Konstitutiva der Kirche gehört, die Botschaft von der freien Gnade Gottes *allem* Volk zu überbringen ... noch immer auf ihre ekklesiologische Rezeption« wartet. Dieses Desiderat empfand Jüngel als umso schmerzvoller, weil für ihn Evangelisation und Mission die Zukunftsfähigkeit der Kirche ausmachen. »Wenn die Kirche ein *Herz* hätte, ein Herz, das noch schlägt, dann würden Evangelisation und Mission den Rhythmus des Herzens der Kirche in hohem Maße bestimmen.« Er brachte das schöne Bild vom Ein- und Ausatmen. »Einatmend geht die Kirche in sich, ausatmend geht sie aus sich heraus.« Das Einatmen sieht er im liturgischen Gottesdienst. »Da ist sie um Gottes Wort und um den Tisch des Herrn versammelt, da ist sie gesammelt und konzentriert bei sich selbst.« In diesem Gottesdienst baut sie sich stets wieder von Neuem auf. Doch das Ausatmen wird für Jüngel zu einer nicht weniger existenziellen Handlung der Kirche. »Die Kirche muss, wenn sie am Leben bleiben will, auch ausatmen können. Sie muss über sich selbst hinausgehen, wenn sie die Kirche Jesu Christi bleiben will.« Über sich selbst hinauszugehen verlangt auch, mit dem Glauben in die Welt zu gehen.

Das Evangelium, die frohe Botschaft von Gottes Heilszusage allen Menschen zu bringen, gehört nicht nur zum Glauben, sondern ist Äußerung des Glaubens und Lebensfunktion der Kirche. Jüngels Rede enthält beides – Schmerz und Hoffnung: Schmerz darüber, dass für die Kirche Mission an Bedeutung verloren hat, obwohl sie doch die Zukunftsfrage der Kirche stellt, und Hoffnung darauf, dass Mission von den Christen wiederentdeckt wird. Oder um im Bild Jüngels zu reden: Die Kirche muss das Atmen wieder lernen. Lässt die Kirche in der Mission nach, wird sie den Glauben verlieren, da helfen alle Politisierung und Moralisierung nichts. In der Tat ist Mission heute die wichtigste Aufgabe, weil alle anderen Kernaufgaben mit ihr in Beziehung stehen.

Ernsthafte Gottesdienste, nicht Politmessen, sind Mission, Bibelstudium ist Mission, Seelsorge und Diakonie sind Mission und auch gute Bildungsarbeit ist Mission. Alle Aktivitäten, in denen sich Kirche als Kirche Jesu Christi zeigt, also alle Aktivitäten, in denen Glaube sichtbar wird, sind Mission.

Das reicht allerdings noch nicht aus. Mission erschöpft sich nicht in den »normalen« Aktivitäten von Kirche, sie stellen nur den unverzichtbaren Anfang dar. Nicht zufällig erschien sechs Jahre später eine wichtige Handreichung der EKD zum Umgang mit Muslimen. Diese ausgezeichnete Handreichung trägt den Titel: »Klarheit und gute Nachbarschaft. Christen und Muslime in Deutschland.« In ihr wird festgestellt: »Die Kirche Jesu Christi ist gesandt, diese Botschaft zu bezeugen. Es ist ihre Mission, die Botschaft von Gottes Rechtfertigung aller Welt auszurichten.«[126] Unmissverständlich heißt es: »Christliche Mission bedeutet jedoch mehr als respektvolle Begegnung. Sie umfasst das Zeugnis vom dreieinigen Gott, der den Menschen durch Jesus Christus zu wahrer Menschlichkeit befreit. Es ist für die evangelische Kirche ausgeschlossen, dieses Zeugnis zu verschweigen oder es Angehörigen anderer Religionen schuldig zu bleiben.«

Doch inzwischen scheint vielen in unseren Kirchen diese Sicht der Handreichung peinlich zu sein. Man verabschiedet sich von der Mission aufgrund eines falschen Dialogverständnisses, das Dialog und Mission einander entgegenstellt. In einem Text zu »Reformation und Islam« von 2016 heißt es: »In ähnlicher Weise stellt sich auch im Blick auf das *solus Christus* die Frage, wie die darin zum Ausdruck gebrachte Exklusivität Jesu Christi in einer religiös pluralen Gesellschaft so bekannt werden kann, dass sie im Dialog nicht als anmaßend oder überheblich wahrgenommen wird.« Im EKD-Text »Rechtfertigung und Freiheit« heißt es: »Die Herausforderung besteht darin, von Christus zu sprechen, aber so, dass dabei nicht der Glaube des anderen abgewertet oder für unwahr erklärt wird.« Was soll das heißen? Ist jede Glaubensüberzeugung gleich wahr? Ist es egal, ob man afrikanischen Naturreligionen anhängt oder dem Christentum, dem Buddhismus oder

Hinduismus, dem Judentum oder dem Islam? Kann man die eklatanten Widersprüchlichkeiten aller vorkommenden Glaubensüberzeugungen egalisieren? Ja, man kann! Allerdings nur, wenn man Agnostiker ist und an nichts Bestimmtes glaubt – oder bekennender Atheist und sowieso allen Gottesglauben für Unfug hält. Noch wichtiger aber ist vielleicht die Frage: Ist etwas für falsch halten gleichbedeutend mit abwerten? Dann dürfte es ja überhaupt keinen Meinungsstreit mehr geben.

Christen können nur so von Christus reden, wie sie es im Credo bezeugen. Sie haben die Aufgabe, die frohe Botschaft allen Menschen zu bringen. Als Christ lebe ich in diesem Glauben, und es ist für mich Wahrheit, dass Gott in Christus Fleisch geworden, dass er die Auferstehung und das Licht ist und ich durch ihn zum Vater komme. Das habe ich zu bekennen und zu vertreten. Wenn Kirche versucht, diese Wahrheit abzuschwächen, abzudimmen, dann ist aus der Mission die Sourmission (Unterwerfung) geworden.

So zitiert der niederländische Theologe Herman J. Selderhuis in einer Sammelrezension zu Büchern, die 2016 zur Reformation erschienen: »Die Deutsche Theologin Margot Käßmann sieht die Relevanz von Luther für heute darin, dass wir als Christen von anderen Religionen lernen können, dass es außer Christus auch andere Wege gibt, Gott zu erreichen. Sie gibt zu, dass Luther das selbst noch nicht so wirklich praktiziert hat, aber ›zum Glück sind wir heute viel weiter‹.«[127]

Viel weiter? Wo genau ist das? Die rheinische Kirche arbeitet an einem Papier, das Mission unter Muslimen ächten soll – so, wie die EKD-Synode im Herbst 2016 schon die Mission von Juden untersagt hat. Was ist der nächste Schritt? Wollen wir auch Atheisten nicht mehr auf Christus ansprechen? Oder mindestens nicht Agnostiker jüdischer oder muslimischer Herkunft, weil sich hier Religions- und (ehemalige) Staatszugehörigkeit so schwer trennen lassen? Was Mission unter Juden anbelangt, so ist in der Tat die strikte Zurückhaltung deutscher Kirchen geboten, aber weniger aus theologischen Gründen, sondern aus politischen. Wie so oft werden hier Theologie und Politik verwechselt. Theologisch betrachtet, ist Christus zu allen Völkern gekommen, nicht zuletzt auch zu seinem eigenen. Aber als Deutsche haben wir für längere Zeit jüdischen Brüdern und Schwestern gegenüber alle Glaubwürdigkeit verloren. Meines Erachtens hat auch hier Eberhard Jüngel in seiner schon genannten Rede auf der Missionskonferenz 1999 alles Nötige gesagt: »Nachdem die Kirche in Deutschland, als es bitter nötig war, nicht für die Juden geschrien hat, wird sie schon aus der ihr gebotenen Strenge gegen sich selbst heraus sich für ganz und gar unberufen halten, Israel im Namen Jesu Christi anzusprechen. Doch aus demselben Grund wird sie sich eben auch zu hüten haben, ihr eigenes Unvermögen den Christen und Kirchen in aller Welt zu unterstellen. Dass wir Deutschen zu schweigen haben, bedeutet mitnichten, dass die christliche Ökumene nichts zu sagen hätte. Auch sie hat hier allerdings nur insofern etwas *zu sagen*, als sie mit Israel gemeinsam auf Gottes Wort *hört*.«

So ist es kein Zufall, dass außerhalb Deutschlands keine Kirche sich selbst Mission verbietet.

Es sei aber noch einmal gesagt: Mission bedarf größter Sensibilität und fußt auf dem Respekt vor dem Nicht- oder Andersgläubigen. Und sie kann nur gelingen, wenn man sich in den anderen und seine bisherigen Überzeugungen einfühlt. Insofern ist es nötig, sich nicht zuletzt auch mit dem Islam ernsthaft zu beschäftigen. Und der Staat muss allen Religionen gegenüber positive Neutralität wahren, insofern deren Glaubensüberzeugungen nicht mit den Gesetzen kollidieren. Das ist freilich nicht immer leicht, da Religionsgemeinschaften auch in sich zerstritten sein können.

So bemängelt Seyran Atés, dass konservative Islamvertreter in den Gesprächen zum islamischen Religionsunterricht einseitig das Sagen haben und liberale Muslime von den Gesprächen ausgeschlossen werden. Absurd wird es, wenn einerseits die Begründung für staatlich geförderten islamischen Religionsunterricht lautet, dass man den Einfluss der DITIB und ausländischer Prediger reduzieren möchte, man aber andererseits konservativen Islamverbänden die Entscheidungsrechte über die Besetzung und die Struktur der Fakultäten für islamische Theologie überlässt. Und um eine ketzerische Frage zu stellen: Glaubt man wirklich, dass Islamvertreter sich auf unser Universitätssystem einlassen werden, nachdem sie beobachten können, wie dieses System in Blick auf das Christentum inzwischen nicht mehr gerade glaubensfördernd wirkt? In Wien hat man gerade beschlossen, dass in theologischen Fakultäten keine Kreuze mehr hängen werden. In deutschen Universitäten sucht man sie schon lange vergebens. Glaubt man wirklich, dass man Muslime liberalisieren kann, indem man sie fest ans Herz drückt? In Altdorf hat man unmittelbar nach dem Gottesdienst zum Reformationstag den Vorsitzenden des Zentralrats der Muslime Ayman Mayzek von der Kanzel predigen lassen, so dass der Eindruckt entstand, dass diese Rede zum Gottesdienst gehöre. Was will man damit erreichen? Dialog auf Augenhöhe, werden die Veranstalter sagen. Der Versuch ist gut gemeint, wird aber nicht funktionieren. Wer will sich schon umarmen lassen, bis er nicht mehr er selbst ist? Mayzek bestimmt nicht.

Warum sollte es nicht möglich sein, sich in größtem Respekt voreinander über die rechte Interpretation der Macht zu streiten, die Gott genannt wird. Christen erkennen alle Menschen in gleicher Weise als Geschöpfe Gottes an, denen die gleiche Menschenwürde zukommt. Das christliche Glaubensbekenntnis beinhaltet nur positive Setzungen, keine Negationen anderer.

Eberhard Jüngel sieht im Missionsbefehl eine Auszeichnung für jeden Christen. »Denn der, dem alle Gewalt im Himmel und auf Erden gegeben ist, der ist auf unsere menschliche Mitwirkung ja wahrhaftig nicht angewiesen. Er könnte unmittelbar wirken, sozusagen ›senkrecht von oben‹. Will er gleichwohl, dass Menschen anderen Menschen bezeugen, wer er ist, dann ist das eine unerhörte Würdigung, eine Auszeichnung des Menschen, wir werden dessen gewürdigt, Mitarbeiter Gottes zu sein.«

Und weil wir diese Verantwortung tragen, »Mitarbeiter Gottes zu sein«, müssen wir auch diesen Diskussionsprozess, das Gespräch über unsere Kirche in Gang bringen. Nichts Geringeres entstünde daraus als eine innere Missionierung, die schließlich auch zu einer äußeren Missionierung werden würde. Aber dieser Diskurs kann nur aus den Gemeinden, von den Wurzeln her kommen. Keinen anderen Weg sehe ich, als dass Christen sich in neuen Foren austauschen. Ein neues Forum kritischer Christen könnte Diskussionsprozesse anschieben, Resignierten wieder Mut geben, Menschen, die die Kirche verlassen haben, wieder zurückholen, könnte Impulse geben, Optimismus und Aufbruch vermitteln. Dieser Diskussions-prozess würde den christlichen Glauben als Grundwert Europas, als Anker in den künftigen Stürmen beleben. Darin besteht die eigentlich politische Aufgabe der Kirche, den Glauben als Grundwert unserer Gesellschaft erfahrbar zu machen. Zugleich wird in den kommenden Auseinandersetzungen und Kämpfen die Kirche wichtiger denn je werden. Sie kann aber nur zum Integrator werden, wenn sie nicht Partei ist, sondern sich auf ihre ureigensten Aufgaben konzentriert. In der Mission kann Kirche neu zum Glauben finden. Ihre Einstellung zur Mission wird über die Zukunft der Kirche entscheiden.

ANMERKUNGEN

1 — Dalferth, Ingolf U.: Radikale Theologie, Leipzig 2013, S. 13.

2 — Bonhoeffer, Dietrich: Ethik, Gütersloh 2013, S. 33.

3 — A. a. O., S. 32.

4 — Huizing, Klaas: Schluss mit Sünde. Warum wir eine neue Reformation brauchen, Hamburg 2017, S. 17.

5 — A. a. O., S. 15 ff.

6 — Bahr, Petra: Mein Abendland. Eine Reise zu den kulturellen und religiösen Ursprüngen unserer Gesellschaft, Hamburg 2017, S. 37.

7 — A. a. O., S. 41.

8 — http://www.faz.net/aktuell/politik/inland/christentum-wird-den-deutschen-immer-wichtiger-15350350.html, Aufruf am 20.12.2017.

9 — http://plus.faz.net/politik/2017-12-20/der-lange-abschied-vom-christentum/94165.html, Aufruf am 22.12.2017.

10 — Körtner, Ulrich H. J. : Die richtigen Lehren ziehen. Kirchen und Rechtspopulismus 2017, Amt und Gemeinde 67, 2017, S. 318–332, S. 325.

11 — http://www.die-tagespost.de/feuilleton/Moralismus-ist-die-neue-Religion;art310,185545, Aufruf am 02.02.2018.

12 — Alles, was zum Christentum als Kulturschicht oder über ein kulturell rezipiertes Christentum vieler Deutscher, aber auch generell Europäer geschrieben wurde, darf nicht verwechselt werden mit einer Richtung innerhalb der Theologie, der liberalen Theologie. Es geht hier nicht um Theologie, sondern um ein soziologisches Phänomen.

13 — Käßmann, Margot: Dialoge, in: Genazino, Wilhelm (Hrsg.): Freiheit und Verantwortung. 95 Thesen heute, Stuttgart 2016, S. 211.

14 — Koopmans, Ruud: Assimilation oder Multikulturalismus. Bedingungen gelungener Integration, Berlin 2017, S. 219.

15 — Vgl.: Die große Regression – Eine internationale Debatte über die geistige Situation der Zeit, Berlin 2017, und: Claussen, Johann Hinrich: Wut ohne Hass. Wie man Nationalisten und Populisten begegnet, zeitzeichen 4/2017.

16 — https://www.bundesregierung.de/Content/DE/Artikel/IB/Artikel/Allgemein/2015-09-21-eckpunkte.html, Aufruf am 23.02.2018.

17 — Luther, Martin: Ob Kriegsleute auch im seligen Stande sein können, in: Derselbe: Luther Deutsch. Band 7: Der Christ in der Welt, Berlin 1954, S. 74.

18 — Vgl.: Mai, Klaus-Rüdiger: Diskriminierung als Staatsziel? Die Strategie der kulturellen Öffnung der Staatsministerin Özoguz und die Folgen für die Wirtschaft https://deutscherarbeitgeberverband.de/aktuelles/2016/2016_11_21_dav_aktuelles_diskriminierung.html, Aufruf am 23.02.2018.

19 — Rede zur Flüchtlingswelle im November 2015 auf dem Parteitag der Grünen, zitiert nach Spiegel online vom 21.11.2015 http://www.spiegel.de/politik/deutschland/gruener-parteitag-delegierte-bekennen-sich-zu-notwendigkeit-von-abschiebungen-a-1063923.html, Aufruf am 23.02.2018.

20 — Ratzinger, Joseph: Gesammelte Schriften, Band 8/2 Kirche – Zeichen unter den Völkern, Freiburg im Breisgau 2010, S. 1175.

21 — Marx, Karl: Zur Kritik der Hegelschen Rechtsphilosophie. Einleitung, in: Karl Marx/Friedrich Engels – Werke, Berlin 1976, S. 379.

22 — Meister Eckhart: Werke. 2 Bde. Hrsg. v. Niklaus Largier. Bd. I. Frankfurt am Main 1993, S. 75.

23 — Heine, Heinrich: Deutschland. Ein Wintermärchen, in: Ders.: Werke und Briefe, Band 1, Berlin und Weimar 1980, S. 436.

24 — Kleist, Heinrich von: Werke und Briefe, 4 Bde., Bd. 4 Briefe, Berlin und Weimar 1984, S. 251.

25 — http://www.faz.net/aktuell/politik/inland/christentum-wird-den-deutschen-immer-wichtiger-15350350.html, Aufruf am 20.12.2017.

26 — Dalferth, Ingolf U.: Radikale Theologie., Leipzig 2013, S. 259 f.

27 — A. a. O., S. 20.

28 — Huizing, Klaas: Schluss mit Sünde. Warum wir eine neue Reformation brauchen, Hamburg 2017, S. 17.

29 — Käßmann, Margot: Dialoge, in: Genazino, Wilhelm (Hrsg.): Freiheit und Verantwortung. 95 Thesen heute, Stuttgart 2016, S. 211 f.

30 — Jüngel, Eberhard: Referat zur Einführung in das Schwerpunktthema »Reden von Gott in der Welt – Der missionarische Auftrag der Kirche an der Schwelle zum 3. Jahrtausend«.

31 — »Die MB lehnt demokratische Staatssysteme ab«, heißt es im Verfassungsschutzbericht 2015 des Landes Nordrhein-Westfalen, wo die IGD ihren deutschen Hauptsitz hat. Zudem verfolgten die Muslimbrüder das Ziel, »einen islamischen Staat zu gründen beziehungsweise bestehende Staatssysteme durch Unterwanderung zu übernehmen und in ihrem Sinne umzugestalten«. (http://www.faz.net/aktuell/politik/inland/verfassungsschutz-warnt-vor-muslimbruedern-im-osten-14871916.html) Aufruf am 22.02.2018.

32 — http://docplayer.org/27482857-Bericht-des-rates-der-evangelischen-kirche-in-deutschland-ii-teil-b-teil-b-schriftlich-drucksache-geschaeftsstelle-der-synode.html.

33 — https://www.ekd.de/synode2016/aktuell/edi_2016_11_07_ekd_synode_2016_magdeburg.html, Aufruf am 23.02.2018.

34 — http://www.gemeindenetzwerk.de/?p=14206#more-14206, Aufruf am 23.02.2018.

35 — Vgl. Frick, Marie-Luisa: Zivilisiert streiten. Zur Ethik der politischen Gegnerschaft. Ditzingen, 2017.

36 — Claussen, Johann Hinrich: Wut ohne Hass. Wie man Nationalisten und Populisten begegnet, zeitzeichen 4/2017.

37 — Luther, Martin: Von weltlicher Obrigkeit, in: derselbe: Luther Deutsch. Band 7: Der Christ in der Welt, Berlin 1954, S. 30.

38 — A. a. O., S. 33.

39 — A. a. O.

40 — Ratzinger, Joseph: Gesammelte Schriften, Bd. 8/2 Kirche – Zeichen unter den Völkern, Freiburg im Breisgau 2010, S. 1143.

41 — http://www.faz.net/aktuell/politik/inland/poschardt-tweet-christmetten-wie-bei-gruener-jugend-15358228.html, aufgerufen am 26.12.2017.

42 — http://www.faz.net/aktuell/politik/inland/poschardt-tweet-christmetten-wie-bei-gruener-jugend-15358228.html, aufgerufen am 26.12.2017.

43 — Pieper, Josef: Über den Glauben. Ein philosophischer Traktat, München 1962, S. 38.

44 — A. a. O., S. 66.

45 — Vgl. bspw. Greimas, Algirdas Julien: Narrative Semiotics and Cognitive Discourses, Pinter Publisher 1990, vor allem: Semantique structurale. Recherche de methode, Paris 1966.

46 — Mai, Klaus-Rüdiger: Lob der Religion, Freiburg im Breisgau 2013.

47 — Luther, Martin: Das schöne Confitemi, in: Ders.: Luther Deutsch, Band 7, Berlin 1954, S. 292 f.

48 — Dalferth, Ingolf U.: Radikale Theologie, Leipzig 2013.

49 — Dalferth spricht zu Recht in seiner radikalen Theologie vom »radikale(n) Orientierungswechsel vom Unglauben zum Glauben«, von dem Theologie auszugehen hat. A. a. O., S. 16 f.

50 — Platon: Die Gesetze, in: Ders.: Sämtliche Werke, hrsg. v. Erich Löwenthal, Berlin 1940, unveränderter Nachdruck Darmstadt 2004, S. 339 (716C).

51 — Schmitt, Carl: Politische Theologie. Vier Kapitel zur Lehre von der Souveränität, Berlin 1996, S. 43.

52 — In jüngster Zeit wurden ältere Codizes von Ur-Nammu und Lipit-Istar gefunden.

53 — https://www.welt.de/newsticker/dpa_nt/infoline_nt/netz-welt/article170490313/Frueherer-Facebook-Praesident-warnt-vor-sozialen-Medien.html, aufgerufen am 22.12.2017.

54 — Luther, Martin: Von der babylonischen Gefangenschaft der Kirche, in: Ders.: Lateinisch-deutsche Studienausgabe, Leipzig 2009, S. 269.

55 — Dalferth, Ingolf U.: Radikale Theologie, Leipzig 2013, S. 17.

56 — Dante Alighieri: Die Göttliche Komödie, Zürich 1963, S. 395.

57 — Bonhoeffer, Dietrich: Ethik, Gütersloh 2013, S. 33.

58 — Dalferth, Ingolf U.: Nur wer glaubt, ist wirklich frei, NZZ vom 30.09.2017 (https://www.nzz.ch//feuilleton/nur-wer-glaubt-ist-wirklich-frei-Id.1319260).

59 — Huizing, Klaas: Schluss mit Sünde. Warum wir eine neue Reformation brauchen, Hamburg 2017, S. 14 und 17.

60 — Luther, Martin: Vorlesung über Psalm 51 von 1532, in: Psalmenauslegung, Göttingen 1963, S. 205.

61 — Grund und Ursache 1521, WA 7, 336, 31 f. – Auslegung zu Philipper 3,13 Luther, zitiert auf dem Buchrücken des »Luther Brevier«, Wartburg Verlag, 2007.

62 — Luther, Martin: Von der babylonischen Gefangenschaft der Kirche, in: Ders.: Lateinisch-deutschen Studienausgabe, Leipzig 2009, S. 251.

63 — Huizing, Klaas: Schluss mit Sünde. Warum wir eine neue Reformation brauchen. Hamburg 2017, S. 51.

64 — Ostrowski, Nikolai: Wie der Stahl gehärtet wurde, Berlin 1959, S. 270.

65 — Bonhoeffer, Dietrich: Ethik, S. 32, Gütersloh 2013.

66 — jüngst dazu: https://www.welt.de/wirtschaft/article17299 0483/Macrons-strahlendes-Frankreich-gefaehrdet-Europas-Aufschwung.html, Aufruf am 23.02.2018.

67 — http://www.faz.net/aktuell/finanzen/faz-exklusiv-ezb-kauft-mehr-anleihen-aus-suedeuropa-15409642.html, Aufruf am 23.02.2018.

68 — https://www.cicero.de/innenpolitik/spd-groko-schulz-nahles-sozialdemokratie, Aufruf am 23.02.2018.

69 — Frankfurter Allgemeine Sonntagszeitung 18. Februar 2018 Nr. 7, S. 2.

70 — https://www.welt.de/debatte/kommentare/article1729 16494/Fluechtlingspolitik-Es-muss-erst-noch-schlimmer-kommen-bevor-es-besser-wird.html?wtrid=socialmedia. email.sharebutton, Aufruf am 23.02.2018.

71 — https://www.stuttgarter-nachrichten.de/inhalt.hinter-grund-zum-dreisam-mordfall-hussein-k-es-war-doch-nur-ei-ne-frau.919b4520-ed39-4f1a-a1c7-e8ecc3242902.html, Aufruf am 23.02.2018.

72 — https://twitter.com/DoppelEinhorn, Aufruf am 23.02.2018.

73 — Thomas, Günter: Vertrauen und Risiko in moralischen Hoff-nungsgroßprojekten. Skizzen zu einer realistischen Theolo-gie der »eschatologischen Differenz«, S. 64, Anm. 25.

74 — http://www.katholisch.de/aktuelles/aktuelle-artikel/ver-haltnis-zu-osteuropas-bischofen-verschlechtert, Aufruf am 22.02.2018.

75 — »Eine Botschaft mit Sprengkraft.« Interview mit Markus Dröge im Tagesspiegel vom 30. Oktober 2017, S. 2.

76 — Luther, Martin: Von der babylonischen Gefangenschaft der Kirche, in: Ders.: Lateinisch-deutsche Studienausgabe, Leip-zig 2009, S. 277.

77 — http://www3.weforum.org/docs/WEF_The_Known_Travel-ler_Digital_Identity_Concept.pdf, S. 6, Aufruf am 23.02.2018.

78 — https://www.tichyseinblick.de/meinungen/das-weltwirt schaftsforum-laesst-eine-totalitaere-horrorvision-wahr-werden/, Aufruf am 21.02.2018.

79 — Kant, Immanuel: Kritik der reinen Vernunft, Leipzig 1979, S. 23.

80 — »Gesetze, die es gestatten, räuberische Kreditgeschäfte zu betreiben, haben zusammen mit einem neuen Insolvenz-recht eine neue Schicht von teilweise in Schuldknecht-schaft lebenden Menschen geschaffen« in: Niall Ferguson: Der Niedergang des Westens. Wie Institutionen verfallen und Ökonomien sterben, Berlin 2012, S. 114.

81 — Mai, Klaus-Rüdiger: Gutenberg, Berlin 2016.

82 — Zum Verhältnis Öffentlichkeit und Geheimnis: Mai, Klaus-Rüdiger: Frühneuzeitliche Geheimbünde als Kryptoradikalität?, in: Kryptoradikalität in der Frühneuzeit, hrsg. von Günter Mühlpfordt und Ulman Weiß, S. 217–228, Stuttgart 2009, und Ders.: Geheimbünde und Freimaurergesellschaften im Europa der Frühen Neuzeit, in: Europa in der Frühen Neuzeit. Festschrift für Günter Mühlpfordt, Band 7, Köln, Weimar und Wien 2008, S. 243–274.

83 — https://www.welt.de/politik/deutschland/article172 832396/EU-Asylgesetz-Reform-Deutschland-bereit-auf-Fluechtlingsverteilung-vorerst-zu-verzichten.html, Aufruf am 23.02.2018.

84 — http://www.zeit.de/reden/deutsche_innenpolitik/200349_merkelcduparteitag/komplettansicht, Aufruf am 23.02.2018.

85 — https://www.focus.de/finanzen/experten/fluechtlings-obergrenze-eu-bestimmt-die-regeln-die-groko-hat-beim-thema-nichts-zu-melden_id_8481689.html, Aufruf am 22.02.2018.

86 — http://www.spiegel.de/politik/deutschland/fluechtlinge-eu-fluechtlingsplaene-alarmieren-bundesregierung-a-1187500. html, Aufruf vom 01.02.2018.

87 — http://www.faz.net/aktuell/gesellschaft/essen-nur-fuer-deutsche-tafel-reagiert-auf-kritik-15462517.html, Aufruf am 22.02.2018.

88 — Thomas, Günter: Wiederkehr des Tragischen. Zur Reichweite von Verantwortung und Macht angesichts der Flüchtlingskrise, zeitzeichen 8/2016, S. 14.

89 — https://www.tichyseinblick.de/kolumnen/schaefflers-freisinn/roadmap-altmaier/, Aufruf am 22.02.2018.

90 — http://www.wiwo.de/politik/deutschland/oekonom-malcolm-schauf-merkel-ist-deutschlands-grosses-problem/ 20880702.html, Aufruf am 18.02.2018.

91 — http://www.zeit.de/politik/deutschland/2018-01/Gesamtdokument-Stand-121-1-10-15.pdf, Aufruf am 22.02.2018.

92 — https://www.cicero.de/innenpolitik/sondierungen-cdu-spd-angela-merkel-frank-walter-steinmeier, Aufruf am 22.02.2018.

93 — A. a. O.

94 — Fraser, Nancy: Vom Regen des progressiven Neoliberalisums in die Traufe des reaktionären Populismus, in: Die große Regression. Eine internationale Debatte über die geistige Situation der Zeit, hrsg. v. Heinrich Geiselberger, Berlin 2017, S. 77 f.

95 — A. a. O., S. 78 f.

96 — A. a. O., S. 80 f.

97 — Streeck, Wolfgang: Die Wiederkehr der Verdrängten als Anfang vom Ende des neoliberalen Kapitalismus, in: Die große Regression. Eine internationale Debatte über die geistige Situation der Zeit, hrsg. v. Heinrich Geiselberger, Berlin 2017.

98 — Thomas, Günter: Wiederkehr des Tragischen. Zur Reichweite von Verantwortung und Macht angesichts der Flüchtlingskrise, zeitzeichen 8/2016, S. 15.

99 — Streeck, Wolfgang: Die Wiederkehr der Verdrängten als Anfang vom Ende des neoliberalen Kapitalismus, in: Die große Regression. Eine internationale Debatte über die geistige Situation der Zeit, hrsg. v. Heinrich Geiselberger, Berlin 2017, S. 259 f.

100 — A. a. O., S. 262.

101 — A. a. O., S. 257.

102 — Der Spiegel Nr. 13/1995 vom 27. März 1995, Aufruf am 18.02.2018.

103 — http://www.spiegel.de/kultur/gesellschaft/fluechtlinge-journalisten-duerfen-nicht-aufgeben-kolumne-a-1048185.html, Aufruf am 15.02.2018.

104 — A. a. O., S. 256.

105 — Gramsci, Antonio: Gefängnis Hefte, Band 2, Heft 3, § 34, Hamburg 2012, S. 354.

106 — Schorkopf, Frank: Das Romantische und die Notwendigkeit eines normativen Realismus, in: Deppenheuer, Otto und Grabenwarter, Christoph (Hrsg.): Der Staat in der Flüchtlingskrise. Zwischen gutem Willen und geltendem Recht, Paderborn 2016, S. 12 f.

107 — A. a. O., S. 12.

108 — Bahr, Petra: Mein Abendland. Eine Reise zu den kulturellen und religiösen Ursprüngen unserer Gesellschaft, Hamburg 2017, S. 36 f.

109 — https://www.welt.de/politik/deutschland/article172 057877/Bluttat-von-Kandel-Kirchenpraesident-warnt-vor-Unmenschlichkeit.html, Aufruf am 17.02.2018.

110 — Zum Romantischen in der Politik unter staatsrechtlichem Aspekt auch: Schorkopf, Frank: Das Romantische und die Notwendigkeit eines normativen Realismus, in: Deppenheuer, Otto und Grabenwarter, Christoph (Hrsg.): Der Staat in der Flüchtlingskrise. Zwischen gutem Willen und geltendem Recht, Paderborn 2016, S. 11–17.

111 — A. a. O., S. 11.

112 — Bahr, Petra: Mein Abendland. Eine Reise zu den kulturellen und religiösen Ursprüngen unserer Gesellschaft, Hamburg 2017, S. 40.

113 — Zum Papier der Staatsministerin unter besonderer Berücksichtigung der Auswirkungen auf die Wirtschaft: mein Artikel: Diskriminierung als Staatsziel? https://deutscherarbeitgeberverband.de/aktuelles/2016/2016 _11_21_dav_aktuelles_diskriminierung.html, Aufruf am 22.02.2018.

114 — Deppenheuer, Otto und Grabenwarter, Christoph (Hrsg.): Der Staat in der Flüchtlingskrise. Zwischen gutem Willen und geltendem Recht, Paderborn 2016, S. 7.

115 — Thomas, Günter: Wiederkehr des Tragischen. Zur Reichweite von Verantwortung und Macht angesichts der Flüchtlingskrise, zeitzeichen 8/2016, S. 13.

116 — A. a. O., S. 12.

117 — Bonhoeffer, Dietrich: Ethik, Gütersloh 2013, S. 34.

118 — http://kirchenbunt.de/landessynode-leichtes-gepaeck-fuer-wen-die-kirchenkreisverwaltung-als-zentrum-der-kirche/, Aufruf am 15.01.2018.

119 — http://kirchenbunt.de/landessynode-kehrtwende-im-rheinland/, Aufruf am 25.01.2018.

120 — vgl. Dremel, Erik/Ratzmann, Wolfgang: Nicht nur am Sonntagvormittag. Gottesdienst verstehen und gestalten, Leipzig 2014.

121 — Kierkegaard, Sören: Furcht und Zittern, hrsg. von Diem und W. Rest, München 2005, S. 282 f.

122 — http://www.wiwo.de/politik/deutschland/knauss-kontert-der-kirchentag-ignoriert-die-religion/19858514-all.html, Aufruf am 22.02.2018.

123 — Abdel-Samad, Hamed: Der Koran. München 2016, S. 165.

124 — Kierkegaard, Sören: Furcht und Zittern, S. 253.

125 — http://www.rp-online.de/panorama/deutschland/ekd-ratsvorsitzender-heinrich-bedford-strohm-die-kirche-braucht-geistliche-erneuerung-aid-1.7195647, Aufruf am 24.11.2017.

126 — Klarheit und gute Nachbarschaft. Christen und Muslime in Deutschland, Hannover 2006, S. 15.

127 — https://www.rd.nl/boeken/prof-selderhuis-waar-gaat-het-om-bij-de-herdenking-van-500-jaar-reformatie-1.1140191, Aufruf am 10. 11.2017.

Claas Cordemann
Gundolf Holfert (Hrsg.)
Moral ohne Bekenntnis?
Zur Debatte um Kirche als
zivilreligiöse Moralagentur

128 Seiten | 12 x 19 cm
Paperback
ISBN 978-3-374-05158-8
EUR 15,00 [D]

Im gesellschaftlichen Diskurs und in der medialen Wahrnehmung kommen Kirche und Theologie vornehmlich dann
vor, wenn es um die moralischen Grundlagen des Zusammenlebens geht. Sie melden sich in öffentlichen Stellungnahmen, durch Sozialworte oder mit Denkschriften zu Wort.
Aktuelle Beispiele sind die Debatten um die Flüchtlingskrise, die Sterbehilfe, die Sexualethik, den Klimawandel, den
Finanzkapitalismus. Gegenüber dieser Tendenz sollten Kirche und Theologie weniger Verhaltensnormierungen anstre-
ben als vielmehr die Fähigkeit zur eigenen Urteilsbildung in
ethischen Fragen stärken. Es ist ein Selbstmissverständnis,
wenn die Kirchen sich als Moralagenturen verstehen.

EVANGELISCHE VERLAGSANSTALT
Leipzig www.eva-leipzig.de

Tel +49 (0) 341/ 7 11 41 -44 shop@eva-leipzig.de

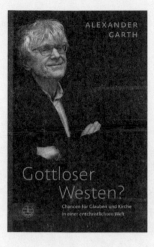